“三新”领域群团组织社会治理的路径研究

——基于广东省互联网生活服务平台的调研实证

郭明◎主编

SPM 南方传媒 | 广东经济出版社

·广州·

图书在版编目（CIP）数据

“三新”领域群团组织社会治理的路径研究：基于广东省互联网生活服务平台的调研实证 / 郭明主编. —广州：广东经济出版社，2023. 3

ISBN 978 - 7 - 5454 - 8575 - 2

Ⅰ. ①三… Ⅱ. ①郭… Ⅲ. ①社会团体—研究—广东 Ⅳ. ①C232. 65

中国版本图书馆 CIP 数据核字（2022）第 214085 号

责任编辑：易 伦
责任校对：李玉娴
责任技编：陆俊帆
封面设计：林佳荣

“三新”领域群团组织社会治理的路径研究：
基于广东省互联网生活服务平台的调研实证
“SANXIN” LINGYU QUNTUAN ZUZHI SHEHUI ZHILI DE LUJING YANJIU：JIYU GUANGDONG SHENG HULIANWANG SHENGHUO FUWU PINGTAI DE DIAOYAN SHIZHENG

出版发行：广东经济出版社（广州市水荫路 11 号 11 ~ 12 楼）
印　　刷：广州今人彩色印刷有限公司
（广州市番禺区大石街会江村石南二路冠美工业园 4 号楼）

开　　本：787mm × 1092mm 1/16　　印　　张：6. 5
版　　次：2023 年 3 月第 1 版　　印　　次：2023 年 3 月第 1 次
书　　号：ISBN 978 - 7 - 5454 - 8575 - 2　　字　　数：82 千字
定　　价：36. 00 元

发行电话：（020）87393830　　编辑邮箱：gdjjcbstg@ 163. com
广东经济出版社常年法律顾问：胡志海律师　　法务电话：（020）37603025
如发现印装质量问题，请与本社联系，本社负责调换。

前言

随着以互联网、大数据和人工智能为代表的新一代信息技术快速发展，“三新”（新技术、新业态、新模式）领域的企业不断发展壮大，不仅大大拓宽了消费市场的空间，也为国民经济发展提供了新动力。

为探索“三新”领域群团组织社会治理的路径，我们对广东省互联网生活服务平台的三家代表企业（美团、滴滴、货拉拉）展开了调研，做了一次全面的摸底和数据的收集、整理、分析工作，探索群团组织在“三新”领域开展社会治理的路径。这是一个全新的课题，极具挑战性，需要以创新的思维和视角来进行研究。

本次调研最大的创新就是聚焦珠海，对平台型企业的典型代表及其务工者展开整体性调研。珠海毗邻香港和澳门，意识形态领域情况复杂，如果缺乏党组织和群团组织的引领，民众有可能被不怀好意的境外组织盯上，而平台型企业的员工规模动辄上万人，一旦劳动关系出现问题，也很容易出现群体性劳资纠纷。

群团组织在“三新”领域开展组织建设和服务模式优化，需要根据社会结构和人民群众生存形态的变化，不断地及时调整服务方式，同时在政治联系功能方面进行创新，在精神思想关怀、社会生活关怀、政治参与关怀和弱势利益关怀等服务方面进行整合。在社会需求日趋多元、社会服务从标准化走向个性化的趋势下，群团组织作为党组织的延伸，要率先行动，敏锐感知社会需求，加快实现服务对接的优化升级，实现群团组织改革提出的“增强先进性、群众性和政治性”目标。

我们仍将持续研究群团组织在“三新”领域的社会治理路径，并将继续深耕下去，也希望能与同行们共进、共勉。

目 录

第一章

“三新”领域群团组织基层社会治理的理论探讨

习近平总书记在全国组织工作会议上强调，要“探索加强新兴业态和互联网党建工作”；十九大四中全会通过的《中共中央关于坚持和完善中国特色社会主义制度 推进国家治理体系和治理能力现代化若干重大问题的决定》指出，要“构建基层社会治理新格局”。在国家治理现代化的时代背景下，积极探索如何在难以组建党组织和群团组织的新业态中，发挥群团组织联系群众、服务群众的积极作用，扩大群团组织的覆盖面，使群团组织功能向行业群体延伸，对于建构和谐、民主、高效、多方参与的基层社会治理体系具有重要的意义。

近年来，以互联网、大数据和人工智能为代表的新一代信息技术快速发展，为经济发展提供了强大动力。借助飞速发展的信息技术，数字经济、平台经济迅速发展并为城镇劳动力灵活就业提供了更多机会，“三新”领域也随之形成而且从业人员越来越多。2018 年 10 月 29 日，习近平总书记在同全国总工会新一届领导班子成员集体谈话时指出，要做好快递员、送餐员、卡车司机等灵活就业群体的入会和维权工作，要通过多种有效方式，把他们吸引过来、组织起来、稳固下来，使工会成为他们愿意依靠的组织。如何使群团组织工作主动适应新形势的发展，在这些组织建设薄弱领域将群团组织和服务扎进去，以团结引领广大职工群体，这是各级群团组织面临的新挑战和新任务。

第一节　数字经济的崛起和“三新”经济概念的界定

一、数字经济的发展

（一）数字经济的概念

最早提出“数字经济”这一概念的人是唐·泰普斯科特（Don Tapscott），他在《数字经济：网络智能时代的前景与风险》一书中提出，网络智能时代将催生数字经济，在这个时代，计算机不仅让人们产生了联系，更让人们通过网络汇聚了知识、创意和财富。2016年的二十国集团领导人峰会（G20峰会）对“数字经济”作出定义：“数字经济是指以使用数字化的知识和信息作为关键生产要素，以现代信息网络作为重要载体，以信息通信技术的有效使用作为效率提升和经济结构优化的重要推动力的一系列经济活动。”中国信息通信研究院在《中国数字经济发展白皮书（2021）》中对“数字经济”作出的定义是：“数字经济是以数字化的知识和信息作为关键生产要素，以数字技术为核心驱动力量，以现代信息网络为重要载体，通过数字技术与实体经济深度融合，不断提高经济社会的数字化、网络化、智能化水平，加速重构经济发展与治理模式的新型经济形态。”从以上的定义中我们可以看出，数字经济具有数字产业化、产业数字化、数字化治理、数据价值化四个特征，可简单理解为网络化带动了数字化和智能化的融合发展，联通了数字化和智能化的产业应用场景，形成了“产业数字化的操作系统”。

知识经济、信息经济、新经济、数字经济、网络经济、互联网经济、智能经济等各种新经济概念的涌现和演变过程也代表了人们的认知在不断演变。通过对这些新经济概念的出现及使用时间的考察，我们可以理出经济活动发展转型的轨迹，也可以由此了解人们对经济现象的认知变化，如图 1－1 所示。

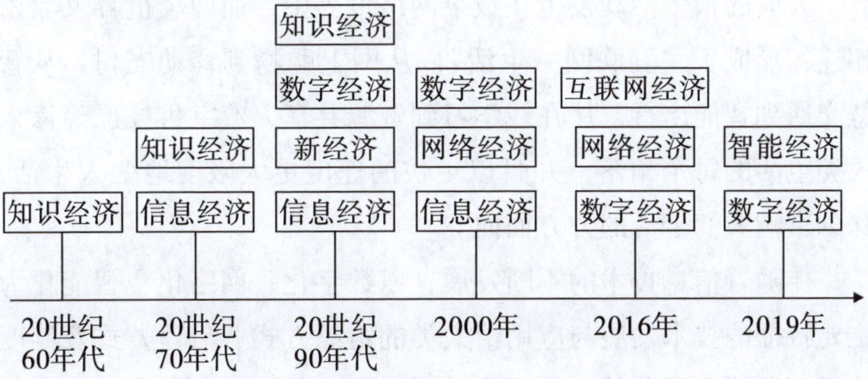

图 1－1 新经济概念群及其发展历程

（二）人类社会的数字化转型

在新技术、新业态、新模式的助力下，数字经济将推动更多新型基础设施的建设，培育多层次融合的产业体系，打造出数字经济生态系统，而数字化技术将造就新型产业形态，形成新的分工协作体系。

早在1996年，学者尼葛洛庞帝就在《数字化生存》一书中描绘了数字科技给生活、工作、教育和娱乐等领域带来的各种影响，提出了一些值得深思的问题。他还认为，信息网络将把人们的空间距离压缩为零，每个人都可以借助人性化的数字网络为自己营造一个个性化的数字世界。我国正式以信息化名义推进信息技术的普及应用开始于1993年，在当时的年代，可能很多人都难以理解数字科技到底是什么，又将会如何影响我们的生活——即便是在2010年，"数字科技"的概念仍然是一团迷雾。现如今，我们开始发现，世界的发展似乎正在沿着尼葛洛庞帝所预言的轨迹变化：在我们生活的物理世界之外还有一个数字网络世界，人们的很多活动发生在数字网络世界中，而两个世界又紧密相连，形成了"互联网+生活"。从网上购物到移动支付，从智慧交通到智能出行，从在线学习到资源共享，数字科技已经渗入人类生活的每个角落，并且以更快的速度更大限度地融入生活，深刻影响人们生活的方方面面。

伴随着信息技术的不断发展，以数字化、网络化、智能化为主要特征的技术发展与应用给人类的组织方式、治理方式及制度体系创造了变革条件，加速推进了经济、科技的发展和转变。一方面，以互联网为基础的信息化发展日新月异，引领着社会生产的变革，极大地改变了人们的生活方式、学习方式、娱乐方式、社交方式以及工作方式，在经济、政治、文化、社会、军事、科技等领域都产生了巨大的影响，为人们的生活创造了新的空间——数字化生活正在逐渐形成。另一方面，数字化的发展带来了大量有价值的数据，这些有价值的数据成为一种新的生产要素——数据要素，它不仅能够推动技术、资本、劳动力、土地等传统生产要素发生深刻变革与优化重组，还能与传统生产要素紧密结合，催生新的数字化技术，而将新的数字化技术应用于生产生活需要有基础设施建设的支持，故而又推动了新基建的发展。环环相扣的链条充分展现了数字化对经济发展具有的巨大价值，同时也有无限的潜能。

（三）数字化时代的国家与社会治理

20 世纪 90 年代，随着英国、美国等国家的政府公共管理、公共服务转向，学理界出现了“治理”的概念。《牛津简明政治学词典》将“治理”解释为：“明确的来自政府的集体决策和政策执行的过程，反映了对供给公共物品的规范和程序更广泛的关注……包括监管框架、代理权限和非政府组织提供的服务这些传统上被议会政治忽略的领域。治理视角被用以审视对公共产品供给产生积极或消极影响的非政府网络。这种思路涉及公民社会、社区行动、社会资本、慈善和腐败等方面。”

在数字化治理场域中，形成了国家与社会共治的多元治理模式。这种模式有四个特点：一是信息的生产及交换的重要性凸显出来；二是治理主体的信息交换能力的高低决定了治理绩效的高低；三是治理绩效的高低折射出治理主体的地位、诉求和作用大小的差异；四是只有治理主体的目标一致，在公共议题上才能达成一致的基本共识。

如今，政府数字化的程度越来越高，社会治理场域中各主体（政府、市场、社会）都努力借助信息技术或媒介，在互动关系中不断获取符合自身需要和利益的信息，从而推动社会整体利益或社会目标的实现。政府数字化治理的内涵有三：一是治理主体的角色、责任和权利的定位，即如何制定公共政策并激发非政府组织（市场和社会）的相关动能；二是通过数字化管理维护社会治理秩序的平衡，保证各治理主体落实责任、高效运行及彰显法治；三是存在多元、多样的治理主体，而数字化信息交换能力决定了不同治理主体的治理成本和效能。

社会治理场域中，治理主体间数字化信息交换能力的均衡或匹配程度直接影响了治理成本的高低。影响治理主体间数字化信息交换能力的因素主要有三：一是制度性约束，如各个组织、机构之间的约束，组织间规则、程序的限制等。二是各治理主体对于公共利益、公共服务的认知偏向。认知偏向不同，会造成沟通成本增加。三是媒介素养。媒介素养的高低决定了信息交换的交易成本。社交媒体及平台的崛起使信息生产不再由传统媒体或专业性群体垄断，而在"媒介即信息"的时代，信息生产更具多样性，进而影响了信息交换的交易成本。因而，治理主体提升信息交换能力对于打破"信息茧房"、促进社会的流动性、降低过高的治理成本、实现高治理绩效有重大帮助。

（四）技术驱动的国家数字劳动的演进

在平台经济崛起的过程中，地方政府扮演了关键性角色，它不仅是平台的监管者和执法者，同时也是公共价值的塑造者，而平台企业则利用算法推荐机制和平台条约使数字劳动者进行具有在线可见性的劳动。这些都拓宽了劳动关系的边界和范围。

目前学理界从权力、消费、资本、价值生产等角度对国内数字劳动展开了研究。杨剑认为，数字劳动扩大了数字边疆，这使得人们可以通过对空间资源、时间资源、信息和知识资源的利用而受益。① Eran Fisher 和 Christian Fuchs 则认为，数字经济正在通过制造和销售商业意识形态加剧数字劳动的异化和剥削。② 吴清军等人从劳动过程理论出发，认为“平台对劳动过程进行控制”和“劳动者拥有工作自主权”是并存的。③ 贾文娟等人认为，劳动控制已从正式制度向文化策略转变，涉及意识形态的支配的逻辑已从观念向体验、从内核向形式转变。④

二、“三新”经济的概念

2018 年 8 月，国家统计局印发了《新产业新业态新商业模式统计分类（2018）》，将国民经济行业中具有“三新”模式特征的类别进行整合梳理，分层编码，形成了能够体现“三新”特征的统计分类标准。根据国家统计局的定义，“三新”即新产业、新业态和新商业模式，其发展具有五大特征：一是互联网成为核心基础设施，二是数据成为一种新的资源，三是跨界融合混营是大势所趋，四是分享无处不在，五是促进动能转换。⑤ 2020 年 7 月 15 日，国家发展改革委员会等 13 个部门在《关于支持新业态

---

① 杨剑．开拓数字边疆：美国网络帝国主义的形成［J］．国际观察，2012（2）：1 – 8.

② Christian Fuchs，Eran Fisher. *Reconsidering value and labour in the digital age*. Springer，2015.

③ 吴清军，李贞．分享经济下的劳动控制与工作自主性——关于网约车司机工作的混合研究［J］．社会学研究，2018（4）：137 – 162.

④ 贾文娟，钟恺鸥．另一种娱乐至死？——体验、幻象与综艺娱乐节目制作过程中的劳动控制［J］．社会学研究，2018（6）：159 – 185.

⑤ 史真真．新常态背景下“三新”经济驱动消费升级的路径探究．经营与管理，2019（10）：81 – 88.

新模式健康发展　激活消费市场带动扩大就业的意见》中提出，鼓励发展新个体经济，开辟消费和就业新空间；把支持线上、线下融合的新业态、新模式作为经济转型和促进改革创新的重要突破口；推动"互联网+"和大数据、平台经济等迈向新阶段。①

不过，"三新"经济的概念是一个具有成长性的概念，它还处在不断完善的过程中。"三新"经济与数字经济的概念差异如图1-2所示。

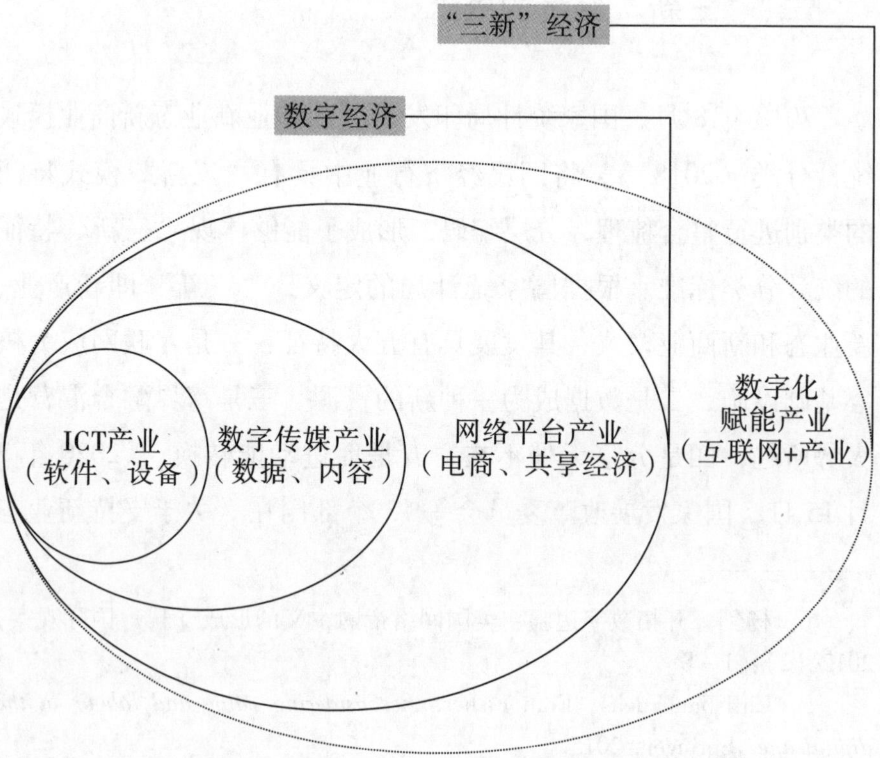

图1-2　"三新"经济与数字经济的概念区分图

① 范周，孙巍."十四五"文化产业发展新态势.民生周刊，2020(21)：70-71.

第二节 互联网服务平台和网约工的社会保障环境

一、互联网服务平台

当前我国从业人数较多的互联网服务平台主要包括互联网生产服务平台（指专门为生产服务提供第三方服务的平台，包括互联网大宗商品交易平台、互联网货物运输平台等）和互联网生活服务平台（指专门为居民生活服务提供第三方服务的平台，包括互联网销售平台、互联网医疗服务平台、互联网教育培训平台、互联网家政服务平台、互联网约车服务平台等）。

在《新产业新业态新商业模式统计分类（2018）》中，新型生活性服务活动（08 系列）分为现代医疗服务（0801，含智慧医疗服务、育婴服务、生物医用材料服务）、健康管理与促进服务（0802）、现代养老服务（0803）、现代家庭服务（0804，含家庭教师服务、家庭病人陪护服务、现代母婴服务）、互联网教育（0805）、新型便民服务（0806，含新型外卖快餐服务、快递服务、网络预约出租汽车服务、公共自行车服务）、新型住宿服务（0807）、新型餐饮服务（0808）、现代体育休闲服务

（0809）、文化娱乐服务（0810）、现代旅游服务（0811）、现代零售服务（0812）。由此可认为，网络预约出租汽车服务人员、快递服务人员、网约送餐员、货车司机都属于平台型灵活就业人员，而滴滴、美团、货拉拉都属于典型的互联网生活服务平台。

二、网约工的社会保障环境

据2020年4月国家信息中心发布的报告，我国平台型灵活就业人员约有8700万人。与非平台型灵活就业人员相比，平台型灵活就业人员有以下突出特点：第一，平台工人有较强的自主性，表现为从业准入门槛较低，人员进入、退出较为自由。第二，在很多情况下，平台工人在网上接单，自带设备和工具（包括车辆等）进行服务。第三，很多平台工人的薪酬计算方式是计件而非计时。第四，平台工人的报酬一般来自和平台按比例的分成。第五，平台对平台工人的监督一般借助于顾客。第六，从业人员获得的社会保障不健全，表现为大多数平台没有为平台工人充分缴纳社会保险。这几个特点的出现是对传统劳动关系具有“从属性”或“控制因素”的强有力的否定，使传统的平台用工劳动关系的认定方式遇到了强烈挑战，而“网约工”成了平台型灵活就业人员的代名词。

2021年7月，市场监管总局、国家网信办、国家发改委、公安部、人力资源和社会保障部、商务部、中华全国总工会联合印发了《关于落实网络餐饮平台责任 切实维护外卖送餐员权益的指导意见》（以下简称《意见》），对保障外卖送餐员的正当权益提出了全方位要求。《意见》的出台，极大地改善了外卖送餐员的生存环境，有效地维护了社会稳定，也为加强保护其他“三新”领域从业人员的权益提供了极大助力。

在省级层面，广东省于 2021 年 4 月 1 日开始实施《关于单位从业的超过法定退休年龄劳动者等特定人员参加工伤保险的办法（试行）》，将村（社区）“两委”人员，提供网约车、外卖、快递服务等的新业态从业人员，依法组建的志愿服务组织招募的从事特定公益活动（应急救援、公共卫生防控、大型活动等）的志愿者等特定人员也纳入了工伤保险参保范围①，极大地提高了“三新”领域从业人员的社会保障。但类似的政府规章并未普及至全国。

① 信宜市人民政府.《关于单位从业的超过法定退休年龄劳动者等特定人员参加工伤保险的办法（试行）》解读. 信宜市人民政府网，2021-02-02.

第三节 群团组织在"三新"领域的治理研究现状

一、国内研究现状

在国家治理现代化视域下，群团组织在"三新"领域探索新的治理方式及进行服务模式优化是当前我党在关键性领域治理改革的重要命题，但理论界对此的研究还不够深入。目前国内的相关研究大多是从社会治理的理论内涵、路径选择、方法等视角切入，缺乏对某一具体行业的深入研究。

综观国内现有文献资料，相关研究主要如下：

1. 国家治理现代化的相关研究。党的十八届三中全会提出推进国家治理体系和治理能力现代化的重大议题之后，有关中国国家治理现代化的学术研究也正式开启。综合各类文献，研究大致分为三个方向：第一个方向是基础性研究，集中于国家治理现代化的内涵与特征、推进国家治理现代化实现的路径、法治与国家治理现代化的关系等方面，代表性文献有张文显的《法治与国家治理现代化》、郑言的《推进国家治理体系与国家治理能力现代化》。第二个方向是探讨政党治理、政府治理、社会治理在国家治理现代化情景下的体系内涵。第三个方向是由宏观理论研究转向微观内容研究。当前，有不少研究者开始关注国家治理现代化与大数据技术之间的互动关系，这是一个新的研究方向。

2. 群团组织工作的社会治理研究。相关研究内容大致可分为三类：第一类是研究在国家治理体系和治理能力现代化的前题下，如何深化党团改革目标，如何完善群团组织的体制、机制，实现从“管理”到“治理”的治理理念转变。第二类是关于党团组织的组织体系重建和区域化组织建设的研究。党团组织社会治理在新业态中取得的成效不大，复旦大学学者李威利认为是社会原子化影响了国家与社会之间的衔接和互动，而党团组织工作是一个联系群众的社会再组织化过程，因此他提出了“轴心—外围”的组织体系重建和区域化组织建设路径。第三类是党团组织参与社会治理路径的研究。吴庆、丁凯认为，要从社会治理规律出发，找出影响组织发展的因素，如环境、职能、变量、战略、动力、系统、愿景等，整合社会资源进行再系统化研究。

3. 群团组织基层社会治理的服务模式研究。国内学者通常将服务模式问题视为操作性问题，国家治理能力是多种治理能力的集中与汇总，同时也是国家治理体系执行能力的体现和保障。执行能力包括国家进步发展的能力、管理社会的能力等，因此学者们认为，改善群团组织服务群众的质量、提升群团组织服务和管理水平对于加快国家治理能力现代化的进程是有帮助的。他们提出，群团组织必须在两个方面追求进步：一是群团组织的社会服务功能要不断升级。群团组织作为党组织的延伸，面对日益变化的社会多元需求，还有个性化、定制化等社会服务创新潮流，要能够敏锐地感知社会需求，加快自身转型，实现精准化服务对接。二是群团组织要代表和实现特定群体的利益。数字经济催生了越来越多新的工种，也带来了新的社会需求，因此，深入新业态、不断优化服务模式是提升基层社会治理能力的关键所在。

二、国外研究现状

国外的相关研究多聚焦社区治理、非政府组织、行业自律组织的管理，研究方法大多基于西方固有的理论框架与分析范式，主要运用合法性理论、公民社会理论、市场转型理论、收缩调适理论等理论。

国外的研究带有明显西方色彩：一是将治理定义为管理机制，提出了“非政府组织与社会治理能力相结合”的研究课题。詹姆斯·M. 罗西瑙认为，非政府组织存在于私人与政府之外，它发挥桥梁和纽带作用，将政府与社会、企业、市场联系起来，是社会中无法被替代的重要力量。二是研究非政府组织参与社会治理的具体机制。戴维·H. 罗森布罗姆和罗伯特·克拉夫丘克从管理、政治和法律三个角度探讨了非政府组织参与社会治理的相关途径——政治上主张落实民主参与，突出公共行政责任与伦理；法律上主张健全法律法规，保障非政府组织参与社会治理的途径通畅；管理上鼓励多元参与，倡导放松行政管制。

国外的研究在研究范式、思维习惯、话语体系上与我国的学术语境有较大差异，而且我国的群团组织具有特有的政治属性和本土色彩，与国外的非政府组织有着本质上的区别，故而国外的研究参考价值有限。

第四节 群团组织基层社会治理的新要求

党的十九大报告明确指出，要以服务群众为主要任务，加强基层服务型群团组织建设。基层服务包含五个方面的内容：反映群众诉求、规范社会行为、协调社会关系、化解社会矛盾、增强社会活力。

因而，群团组织基层社会治理有三个维度的新要求：一是利用群团组织自身的组织网络机制与制度渠道，帮助党组织联系特定的具有代表性的阶层和群体，尤其是那些还未建立群团组织和党组织的新业态平台型企业。二是更为精准、有针对性、及时地反映新业态中特定阶层和群体的利益和意愿。三是发挥工青妇（工会、共青团、妇联）等群团组织的服务先行功能，通过结构空间、体制机制和功能的变革，与新业态中的新阶层建立各种密切的组织网络和制度性通道，在国家治理体系中发挥作用。

2021 年 7 月，全国总工会启动“新就业形态劳动者入会集中行动”，旨在推动网约车、外卖骑手、快递员等新就业形态劳动者入会，以保障“三新”领域从业者的合法权益。

现阶段，“三新”领域的工会正在逐步发展，企业的地区工会如美团（上海）工会、美团（北京）工会等不断成立。这些工会的成立有助于“三新”领域从业人员加大自己的维权力度，使其成为“三新”领域从业人员的依靠，为“三新”领域从业人员提供更加便捷、顺畅的服务和更有效的保护，增加“三新”领域从业人员的获得感、安全感、幸福感。

第五节 基于广东省互联网生活服务平台的调研实证

为探索“三新”领域群团组织基层社会治理的路径，我们基于广东省互联网生活服务平台开展了调研。本次调研对“三新”领域具有代表性的平台企业做了一次全面的摸底和数据收集、整理、分析工作，对于破解当前群团组织深入“三新”领域开展基层社会治理难题，积极探索在未组建党组织和群团组织的“三新”领域中，发挥群团组织联系群众、服务群众的积极作用，扩大群团组织覆盖面，使群团组织功能向新业态延伸，建构和谐、民主、高效、多方参与的基层社会治理体系有重要的意义。

一、文献研究

在文献研究方面，我们主要研究政府与社会合作治理、社会资本与社会治理、社会治理能力建设三方面的文献，梳理并找出影响新业态平台型企业群团组织服务优化与社会治理的核心要素。在具体方法上，主要从法学视角、社会学视角、经济学视角切入，理清“群团与群众”“群团与社会组织”“群团与群团”

"群团与政党"四组关系，以期找到指导群团组织在"三新"领域进一步开展组织和服务工作的方法。

二、走访调研

走访调研的主要目的是对调研的主体外延部分（现状、痛点、需求）进行研究，为优化新业态中的群团组织的服务、完善社会治理方式提出合理意见，促进"善治"目标的实现。通过走访调研，我们充分探索了"三新"领域平台型企业的运作模式、网约工劳动经济权益的实现情况、群团组织工作的规律和工作模式及政府各职能部门对于"三新"领域的认知、掌握的数据等。

走访调研的基本情况如下：

1. 以平台经济从业者中的网约送餐员（美团）、网约车司机（滴滴）、网约货运员（货拉拉）作为重点调研对象。

2. 先后组织召开"三新"领域务工人员座谈会 14 场（次），参加座谈人员共 272 人，以点带面了解该群体的劳动经济权益情况和建会、入会情况。与珠海市交通局、珠海市市监局、珠海市人社局、珠海市税务局、珠海市商务局、珠海市公安局、珠海市委网信办、珠海市工信局八个部门的工会主席或分管领导、业务科室负责人召开多次专场座谈会，访问了珠海市总工会主席、珠海市香洲区总工会主席、珠海市香洲区团委书记和数位珠海市人大代表、珠海市政协委员，了解政府相关机构工作情况。对美团华南区总负责人吴经理、滴滴珠海区域负责人邓经理、货拉拉珠海区域负责人胡经理进行了一对一访谈，了解各平台的业务开展、务工人员劳动保障及平台需求等情况。

3. 在前期调研的基础上，对珠海市南屏镇、香湾街道、梅华街道、前山街道、湾仔街道、凤山街道等10个镇街的基层工作人员（基层工会工作人员、基层社工、基层团干等）进行了“访谈+问卷”形式的调研。

三、问卷调查

（一）问卷设计的理论框架

依照调研项目的目的设定，参照过往同类型研究，通过多轮文献梳理和协商，充分听取群团组织领导及美团、滴滴、货拉拉等平台相关人员的意见后，我们最终提出了以1个核心构念、3个构面、5个维度和15个要素为层次结构的研究理论框架，并基于此理论框架设计调查问卷。

具体而言，网约工的“社会心理需求及思想发展状况”是核心构念，这一构念可拆解为“社会心理需求”和“思想发展状况”两个构面概念。在“社会心理需求”构面下延展出“物质层面”“心理层面”两个维度，这两个维度有对应的要素。“物质层面”维度的要素为“薪酬”“劳动保障”“工作强度”，“心理层面”维度的要素为“尊严”“信任”“沟通”。在“思想发展状况”构面下延展出“工作压力”“工作倦怠”“职业紧张”三个维度，这三个维度也有相应的要素。“工作压力”维度的要素为“角色压力”“工作家庭冲突”“职业发展”，“工作倦怠”维度的要素为“职业衰竭”“成就感理解”“个性化消磨”，“职业紧张”维度的要素为“危险性”“负荷与责任”“职业前景”。

还有一个并行的构面是“现实需求”，主要涉及两方面内容：一是网约工的现实需求与工青妇服务供给的相关性分析。二是探寻在了解网约工群体的心理、思想、现实需求后，工青妇协同在新业态有所作为的工作方法论。

（二）问卷的发放与回收

第一阶段（2019 年 11 月至 2020 年 10 月）：对平台型企业进行实地走访，并发放问卷。“团团号”“滴滴号”“拉拉号”三支队伍分别对美团骑手、滴滴司机、货拉拉司机开展实地问卷调查，总计发放问卷 5500 份，回收问卷 5102 份，回收率高达 92.76%。

虽然美团、滴滴、货拉拉的平台总部都不在珠海，给发放问卷调查取样的工作带来了巨大的困难，但我们还是努力克服困难，通过各种方式寻找平台的区域负责人和站点。中间因为受疫情影响，很多线下的问卷改成了线上问卷，但为了确保问卷的准确性，在疫情稍微好转的情况下，我们一般会先和平台方接触和沟通，由平台方通过他们内部的微信群和 QQ 群，向骑手、司机们发放问卷，以保证问卷的答题和回收质量。

第二阶段（2020 年 9 月至 2020 年 12 月）：对基层工作人员进行走访并发放问卷。我们走访了 10 个镇街的基层工作人员，向基层工会工作人员、基层社工、基层团干等 204 人发放了问卷，共回收了 103 份，回收率为 50.49 %。

第三阶段（2021 年 1 月至 2021 年 11 月）：借助校团委的平台，号召该校假期返乡的同学积极参与社会实践，向家乡的美团骑手、滴滴司机和货拉拉司机发放调查问卷，并征集调研图片。最终共回收问卷 507 份，调研图片 349 张。

第二章

广东省互联网生活服务平台调研情况

对美团、滴滴、货拉拉三个平台的产业布局、运营模式、薪酬结算方式三个方面进行分析之后，我们可以发现，互联网生活服务平台使用的是“平台＋站点＋网约工”的轻运营模式、计件的薪酬发放和奖励模式。

通过基本特征画像分析，我们可以得出网约工年龄、户籍、学历、来源、政治面貌、收入等方面的数据。

通过心理需求强度画像分析，我们可以得出网约工在薪酬期待、入岗时长、工作时长、工作满意度、劳动保障、技能培训、升学需求、职业风险、工作强度、职业尊严、职业信任、职业沟通等方面的数据。

通过思想发展状况认知画像分析，我们可以得出网约工在角色压力、工作家庭冲突、职业衰竭、成就感理解、负荷与责任等方面的数据。

通过分析网约工的现实需求与群团组织服务供给的相关度，我们可以发现两者在职业培训、法律维权、婚恋交友等方面的匹配度较高。

第一节 美团、滴滴、货拉拉平台现状分析

一、美团、滴滴、货拉拉的产业布局

（一）美团的产业布局

截至 2019 年底，美团活跃交易用户数超过 4.2 亿，活跃商家数超 590 万家，活跃骑手数超 70 万名。2020 年第二季度，美团外卖日均交易笔数突破 2690 万笔，峰值突破 3500 万笔。从市场份额的角度来看，无论是到店餐饮、餐饮外卖，还是游玩门票、电影票、住宿预订，美团的市场排名都在第一位。

（二）滴滴的产业布局

滴滴是国内最具代表性的网约车平台，于 2012 年 9 月 9 日上线，其服务内容涵盖出租车、专车、滴滴快车、顺风车、代驾及大巴等的出行和运输服务。据其官网介绍，滴滴致力于与监管部门、出租车行业、汽车产业等伙伴积极协作，以人工智能技术推动智慧交通创新，解决全球交通、环保和就业问题。滴滴出行

App 在同类应用中处于绝对的龙头地位。截至 2019 年底，滴滴用户数突破 4.5 亿，覆盖 400 多个城市，日订单量达 2500 万单，市场份额占比达 92.5%。

（三）货拉拉的产业布局

货拉拉于 2013 年在香港特别行政区成立，2014 年底进入内地市场。乘着互联网 O2O（ONLINE TO OFFLINE，线上到线下）的东风，货拉拉在 9 年间共完成 8 轮融资，目前估值已达 100 亿美元。截至 2019 年 11 月，货拉拉业务覆盖内地 352 座城市，月活司机达 48 万，月活用户达 720 万。

二、美团、滴滴、货拉拉的运营模式

三个平台基本上都是采用轻资产的运营模式，在用工方式上都使用了“平台 + 代理公司 + 网约工”这种有别于传统劳动方式的新型用工方式，这使得社会上网约工的数量大幅增加。

美团目前在珠海市有 7 家代理商、36 个站点，专职活跃骑手 1320 名，众包日活跃骑手 4000 名左右，日跑单量约 12 万笔。在香洲区有 18 个站点，专职活跃骑手 812 名。

滴滴目前在珠海市有 3 家代理商，且都是外地代理商；有服务中心共计 7 个，分布于珠海 5 个区域。滴滴经常通过发放红包、优惠券等来吸引客户，或通过社交媒体拓宽品牌传播范围，扩大影响。

货拉拉目前在珠海市有 2 家代理商。货拉拉为商家和用户提供标准化企业服务和个性化服务，在总业务量中，标准化企业服务占70%，个性化服务占30%。

三、美团、滴滴、货拉拉的薪酬结算方式

目前三个平台的接单模式都是由网约工自由接单，网约工每个月赚多少钱是由各自所接订单的数量及订单金额来决定的，多劳多得。

（一）美团的薪酬结算方式

美团骑手有专职骑手和兼职骑手之分，专职骑手的工资为月结，具体构成为“底薪 + 提成”。珠海市美团骑手的底薪约为2000元，提成一般在5元到10元之间。不同区域的提成有所不同，且通常与送货距离相关，提成超过9元的单子对应的送货距离一般都在5公里以上。站点一般会强制专职骑手购买意外险（3元/天）。兼职骑手无底薪，只有提成，计算方法与专职骑手类似，但标准更低。骑手们也会获得一些津贴和奖励。津贴通常是为激励骑手在较为恶劣的天气下出行而设，如骑手在出现暴风雨天气时送货会获得相应的补贴。奖励则是针对特殊时段给予的激励，如骑手在订单午高峰（10：00 ~ 13：00）、晚高峰（17：30 ~ 20：30）时送货会获得相应的奖励。津贴和奖励的金额通常也因地区和距离不同而有差异。

（二）滴滴的薪酬结算方式

目前滴滴司机的收入来源主要有两个：一个是为客户服务获

取的收入（司机直接从客户支付的费用中获取），另一个是平台提供的奖励和补贴（平台为提高司机的积极性而采取的激励措施）。

而滴滴平台主要靠抽成获利。平台的抽成主要包括两部分：平台服务费和每单信息费用。滴滴会从司机每单收入中扣除0.5元的基础信息服务费。至于平台服务费，滴滴并非按照固定数额或者固定比例来收取，而是综合考虑不同地区、不同订单距离、订单完成应耗费的时间等多方面因素来确定费率。

（三）货拉拉的薪酬结算方式

货拉拉平台在向司机收取一定会员费后不抽成，因此货拉拉司机的收入与接单量、送货距离等息息相关。

第二节　广东省美团、滴滴、货拉拉网约工现状分析

一、数据画像

对调研得到的数据进行分析后，可看出美团、滴滴、货拉拉三个平台的网约工群体呈现出以下特点：

1. 性别结构上以男性为主。如图 2－1 所示，在三个平台的网约工中，男性占比 87.40%，女性占比 12.60%。分平台来看，美团骑手中，男性占比 92.30%；滴滴司机中，男性占比 76.80%；货拉拉司机中，男性占比 93.70%。

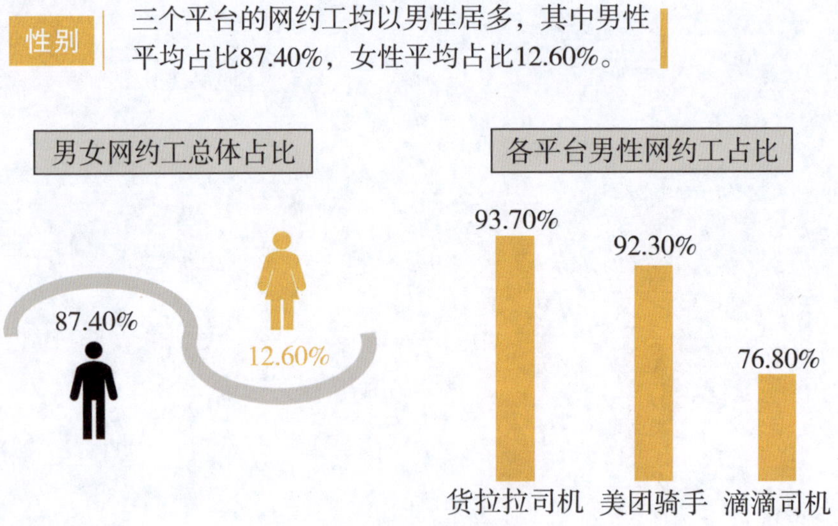

图 2－1　三个平台的网约工性别分布

2. 年龄结构上以“80 后”为主。如图 2－2 所示，在三个平台的网约工中，“80 后”占比高达 77. 45%。在美团骑手中，“80 后”占比达到了 83. 96%，所以大众称美团骑手为“美团小哥”是有数据支撑的。

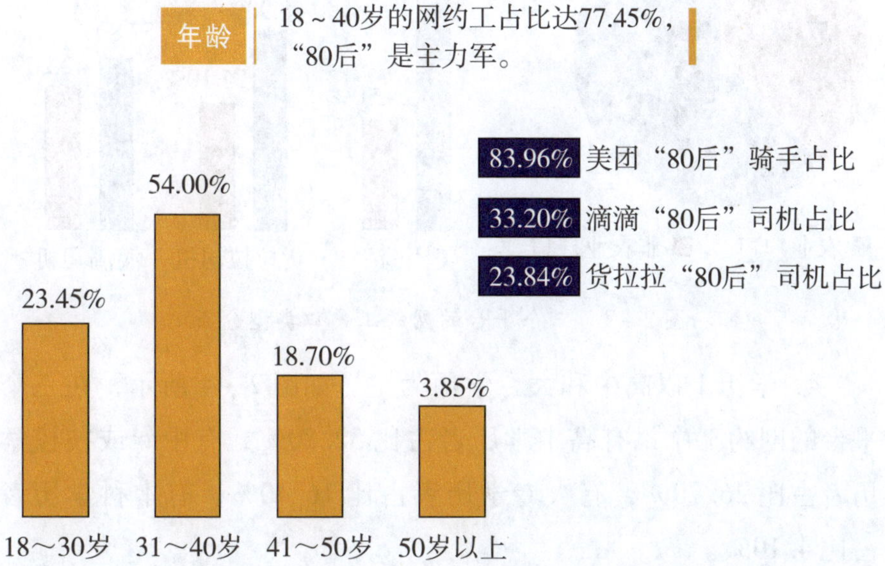

图 2－2　三个平台的网约工年龄分布

3. 身份特征上以农民工为主。如图 2－3 所示，三个平台的网约工中，农业户口占比 62. 30%。分平台来看，美团骑手中，农业户口占比 71. 50%；滴滴司机中，农业户口占比 57. 80%；货拉拉司机中，农业户口占比 68. 90%。

户口 | 62.30%的网约工为农业户口，其余的37.70%为非农业户口。

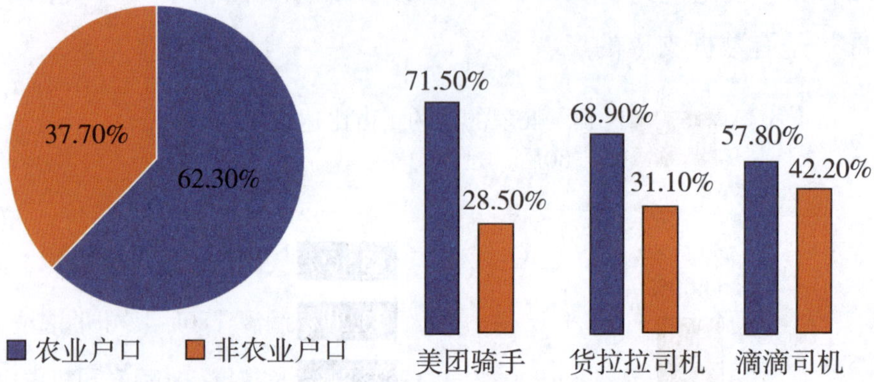

图 2-3　三个平台的网约工户口类型分布

4. 学历上以高中和大专学历为主。如图 2-4 所示，在三个平台的网约工中，有高中学历者占比 52.80%，有中专或技校学历者占比 26.70%，有大专学历者占比 16.40%，有本科学历者占比 4.10%。

学历 | 网约工中高中、中专/技校学历者占比高达79.50%，大专及本科学历者占比仅20.50%。

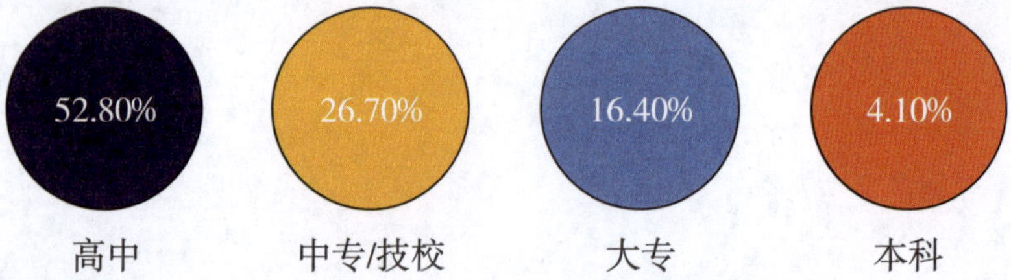

图 2-4　三个平台的网约工学历分布

5. 籍贯上广东省人占比过半。如图 2 - 5 所示，在三个平台的网约工中，广东省籍贯的占比 56.70%，外省籍贯的占比 43.30%。这表明本省籍务工人员是广东“三新”领域务工市场的主力军。而外省籍人员占比接近一半，也充分印证了广东是外来务工大省。

籍贯　56.70%的网约工籍贯为广东省，43.30%的网约工籍贯为外省。

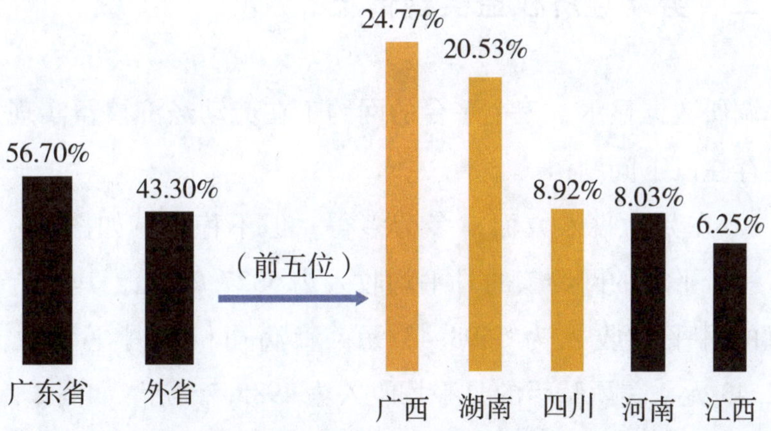

图 2 - 5　三个平台的网约工籍贯分布

6. 党员、团员数量不多。如图 2 - 6 所示，在三个平台的网约工中，政治面貌为“群众”者占比 77.17%，共青团员占比 17.46%，中共党员占比 5.11%，民主党派人士占比 0.26%。

政治面貌 政治面貌为“群众”的网约工占比77.17%，党员的占比仅为5.11%。

77.17%	群众	5.11%	中共党员
17.46%	共青团员	0.26%	民主党派人士

图2－6　三个平台的网约工政治面貌分布

二、劳动经济权益实现情况

调研数据显示，三个平台的网约工在劳动经济权益实现方面主要存在以下问题：

1. 在劳动收入方面，多劳多得，但不稳定。如图2－7所示，三个平台的网约工的月平均收入为5327.21元，其中货拉拉司机的月平均收入为5698.43元，滴滴司机的月平均收入为6372.43元，美团骑手的月平均收入为4985.76元。如图2－8所示，三个平台的网约工对收入感到“比较满意”的占33.60%，觉得“一般”的占49.83%，认为“不太满意”的占16.57%。

收入 三个平台的网约工的月平均收入为5327.21元，滴滴司机的月平均收入最高，美团骑手的月平均收入最低。

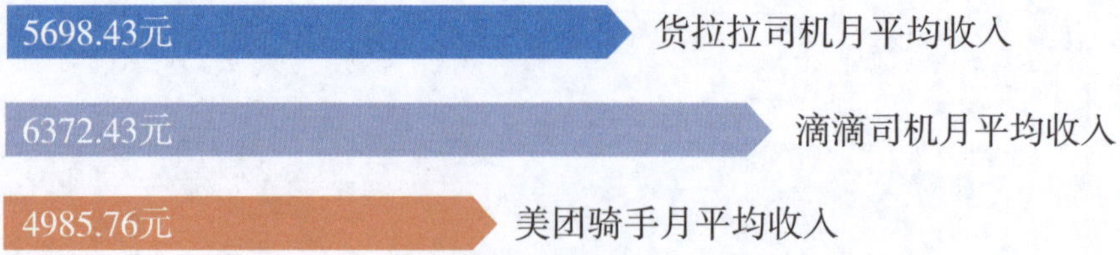

图2－7　三个平台的网约工月平均收入水平

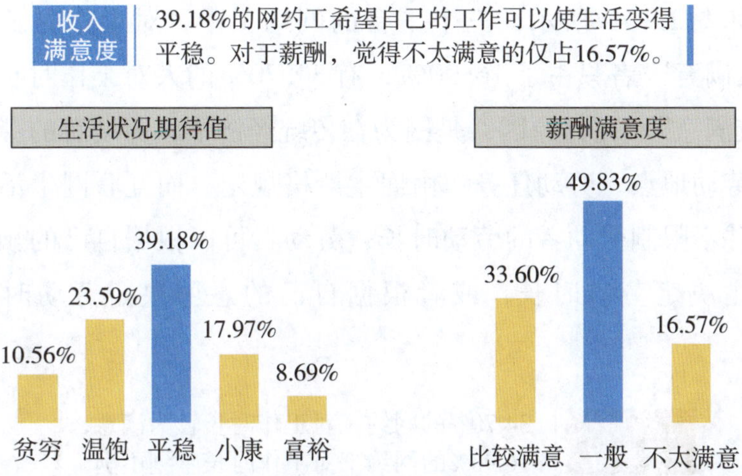

图 2－8　三个平台的网约工对收入的满意度

2. 在劳动时间方面，超时工作是常态，但接受度较高。骑手和司机要想获得更多的收入，就必须“争时间、抢速度”，因此超时工作成为职业共性，但他们整体上能接受。

如图 2－9 所示，美团骑手平均每天工作 9.5 小时，平均每月休息 3 天。滴滴司机平均每天工作 10 小时，平均每月休息 3.5 天。货拉拉司机平均每天工作 8.5 小时，平均每月休息 4 天。在美团骑手中，平均每天工作 12 小时以上的占比达到了 37.60%。

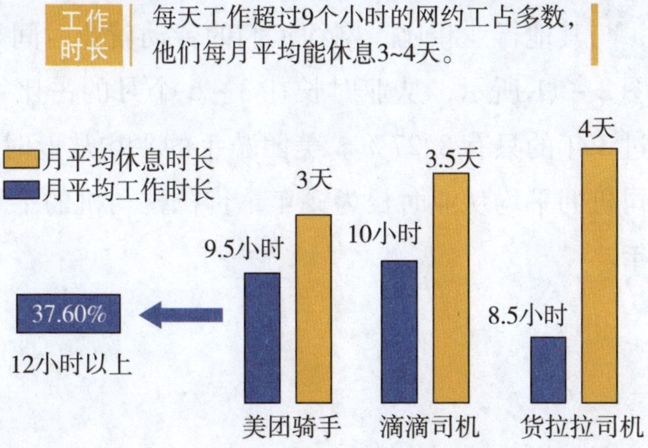

图 2－9　三个平台的网约工平均工作时长与休息时长

如图2-10所示，三个平台的网约工中，对工作时长感到“不太满意”者只占了16.90%，有34.70%的人对工作时长感到“比较满意”。究其原因，是因为在传统经济下，劳动者的劳动时间、劳动地点、劳动任务都由雇主严格规定，而互联网生活服务平台并不限制劳动者的劳动时长，劳动者可以根据自己的预期收入自主决定劳动时长，或者根据自己的意愿决定劳动时间的分配。

工作时长满意度

34.70%的网约工对工作时长较为满意，16.90%的网约工对工作时长感到不满。

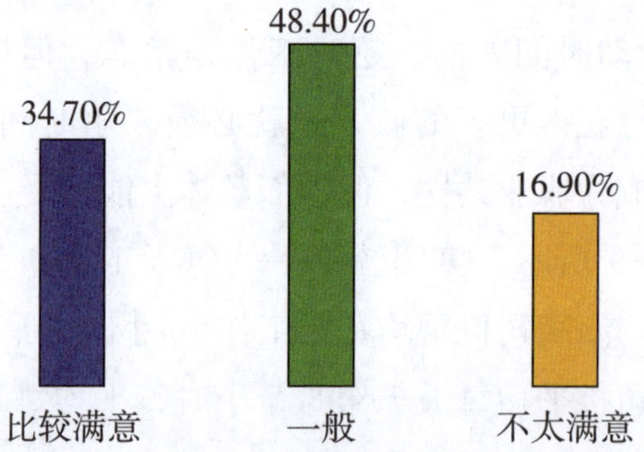

图2-10　三个平台的网约工对工作时长的满意度

不过，与其他行业相比，网约工们的劳动就业时间显得较为短暂。如图2-11所示，从业时长在3~6个月的占比44.19%，能坚持超过3年的只有8.27%。美团骑手的平均从业时长为1.5年，滴滴司机的平均从业时长为2年，货拉拉司机的平均从业时长为2.5年。

从业时长　从业时长在3～6个月的网约工占比44.19%，能坚持3年以上的人不多。

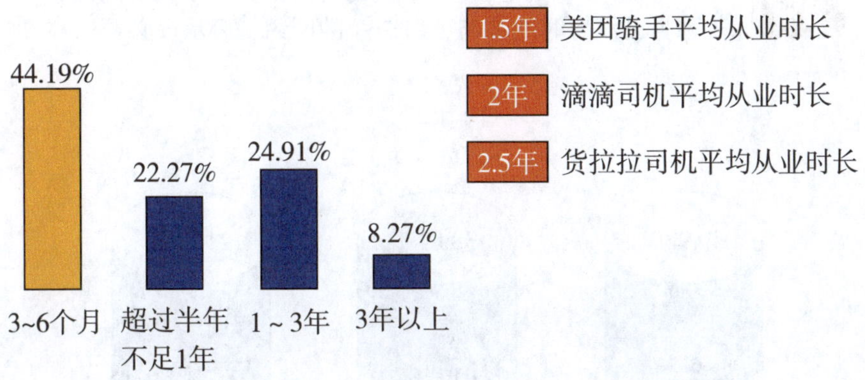

图2－11　三个平台的网约工平均从业时长

3. 在劳动社会保障和社会保险方面，存在一定隐忧。如图2－12所示，有77.08%的网约工表示想要购买社保。

劳动保障　56.81%的网约工对公司的福利不太满意，43.61%的网约工认为公司的物资供应水平一般，77.08%的网约工想买社保。

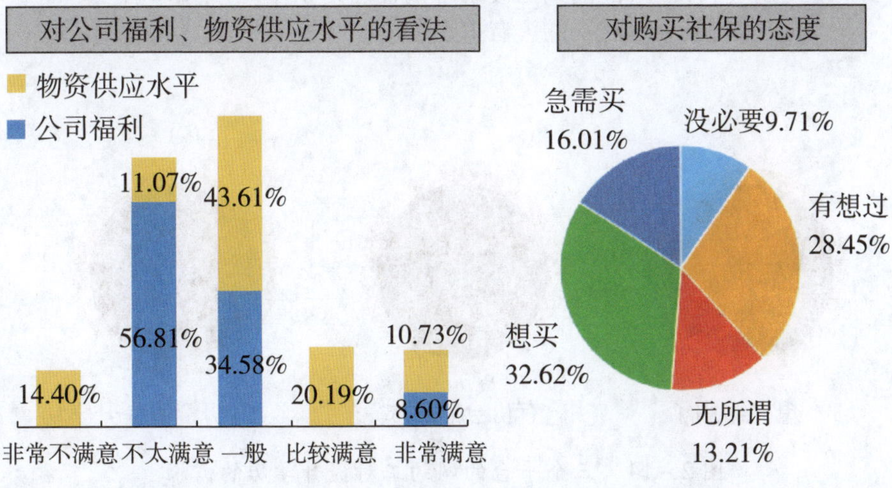

图2－12　三个平台的网约工对现有社保、福利的看法

4. 在技能方面，接受培训的动力不足，发展受限。如图 2 – 13 所示，有 39.93% 的网约工认为得到培训的机会太少，但也有 38.81% 的网约工表示没时间参与。

培训 | 39.93%的网约工认为得到培训的机会太少，38.81%的网约工称自己没有时间参与，21.26%的网约工表示没必要参与。

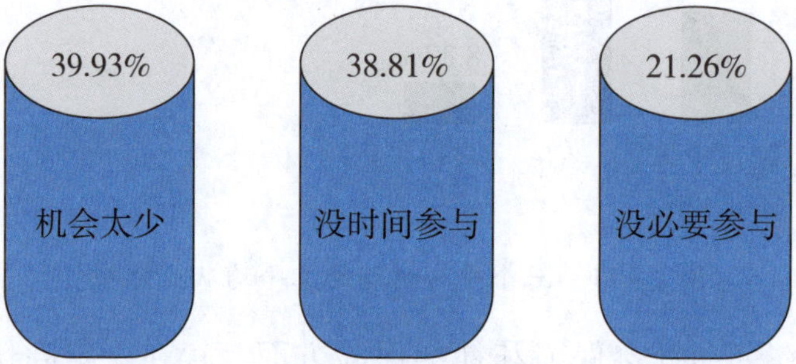

图 2 – 13　三个平台的网约工对参与培训的看法

如图 2 – 14 所示，很多的网约工也意识到现有技能的不足影响了职业空间的拓展，愿意提升学历者占到了 76.30%。

提升学历 | 76.30%的网约工表示希望有机会提升学历，其中14.05%的人有迫切需求。

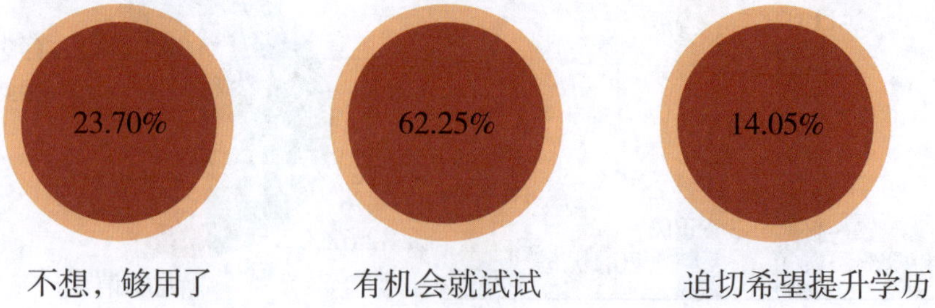

图 2 – 14　三个平台的网约工对提升学历的需求

5. 在劳动安全方面，保障缺乏，职业风险较大。例如货拉拉司机常遭遇货、油被偷的情况，骑手常遭遇电动车被扣押、外卖被偷的情况，如果平台与网约工之间没有一个合理的风险分担机制，那么发生纠纷是不可避免的。

三、职业认同度和思想发展状况

我们设计了量表来了解和分析三个平台的网约工对职业的认同程度以及他们的思想发展状况，结果如下：

1. 关于工作强度，67.80% 的人认为做网约工虽然风吹日晒，但自己的承受力还行。从有 53.75% 的人认为“少赚点就能多点时间”可看出，时间自由是最大的吸引力。具体情况如图 2－15所示。

工作强度　只有21.89%的网约工认为工作过于辛苦。有34.16%的网约工觉得工作时间过长影响了对家人的陪伴。

工作辛苦度

10.31%　不辛苦，很自由

67.80%　风吹日晒，还行

21.89%　非常辛苦

工作时长合适度

34.16%　时间太长没法陪家人

53.75%　少赚点就能多点时间

12.10%　时间长，但高薪

图 2－15　三个平台的网约工对工作强度的看法

2. 关于职业尊严，网约工们很希望人们认可自己正在从事的职业是一份虽普通但踏踏实实的职业，而不是低下、不靠谱的职业。具体情况如图 2－16 所示。

职业尊严 | 网约工们更希望人们认为这份职业是普通和踏踏实实的职业。

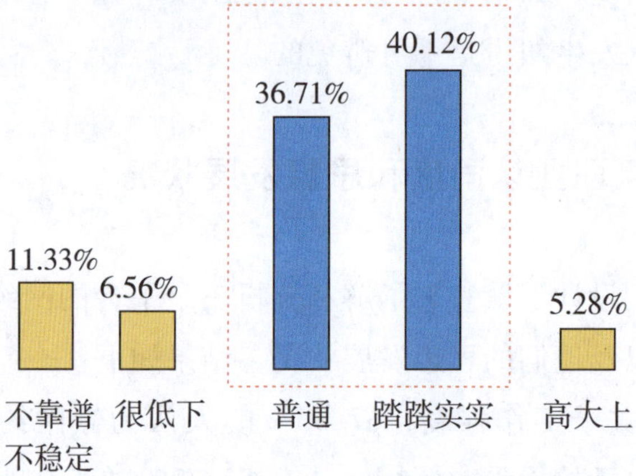

图 2－16　三个平台的网约工对职业尊严的看法

3. 关于职业信任，80. 83% 的网约工表示在遇到他人生命有危险的突发情况时，会选择义无反顾地出手相助。具体情况如图 2－17 所示。

职业信任 | 在配送过程中，遇到他人生命遇到威胁时，80.83%的网约工选择出手相助。

图 2－17　三个平台的网约工对职业信任的看法

4. 关于职业沟通，网约工们表示在工作中经常会遇到被顾客投诉和责骂的情况，他们也特别希望顾客理解自己所在行业的特殊性，能够宽容一些。具体情况如图 2－18 所示。

沟通　91.06%的网约工希望在服务超时时，顾客能听自己的解释，理解一下。

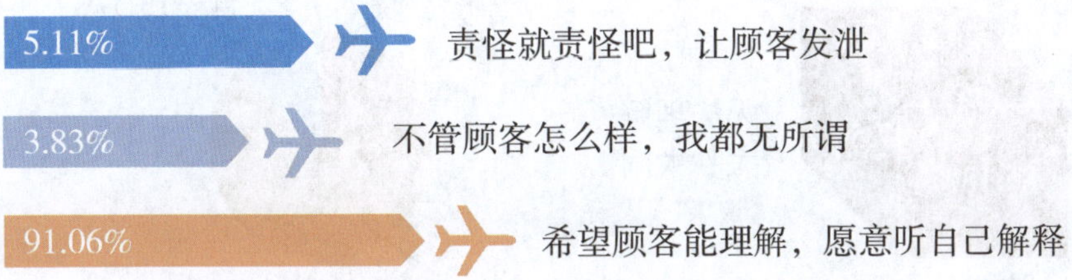

图 2－18　三个平台的网约工对职业沟通的看法

5. 关于角色压力，大部分的网约工认为是承受得了的。具体情况如图 2－19 所示。

角色压力　仅20.53%的网约工认为工作压力沉重。80.06%的网约工认为自己的工作普通但很踏实。

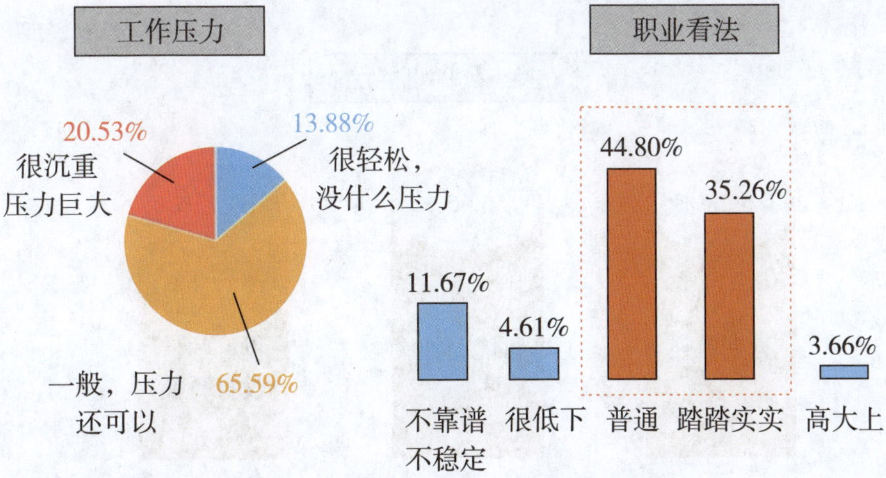

图 2－19　三个平台的网约工对角色压力的看法

6. 关于工作与家庭的冲突，85.18%的网约工称家人很理解自己的工作。具体情况如图2－20所示。

工作与家庭的冲突 | 85.18%的网约工的家人能理解他们的工作。80.75%的网约工会以平常心与他人谈论自己的工作。

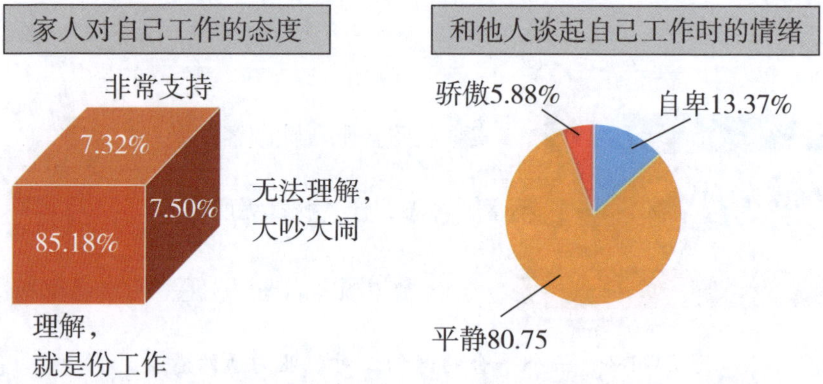

图2－20　三个平台的网约工对工作与家庭的冲突的看法

7. 关于职业衰竭，超过半数的网约工认为当前的工作不是长久之计，有换工作的打算。具体情况如图2－21所示。

职业衰竭 | 6.22%的网约工近期就会换工作，另有56.56%的网约工正在考虑换工作。

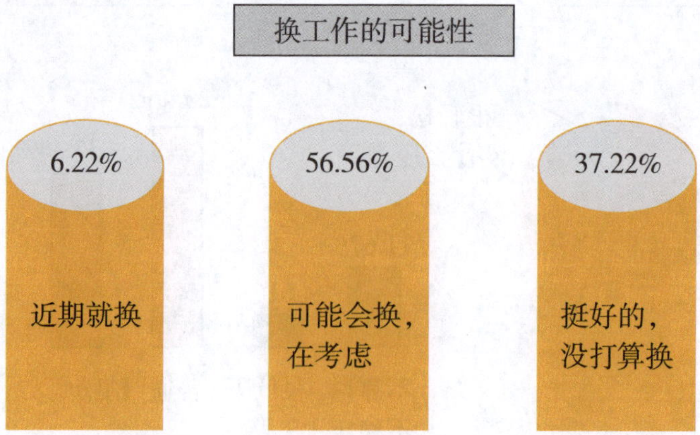

图2－21　三个平台的网约工对职业衰竭的看法

8. 关于成就感理解，48.53%的网约工认为工作并未给自己带来太多积极的改变，还有9.71%的网约工认为自己的状态变得更糟。不过整体上看他们的心理情绪还算不错。具体情况如图2-22所示。

成就感理解　超过半数的网约工不认为工作给自己带来更积极的变化，不过整体上看网约工们的心理情绪状态还算不错。

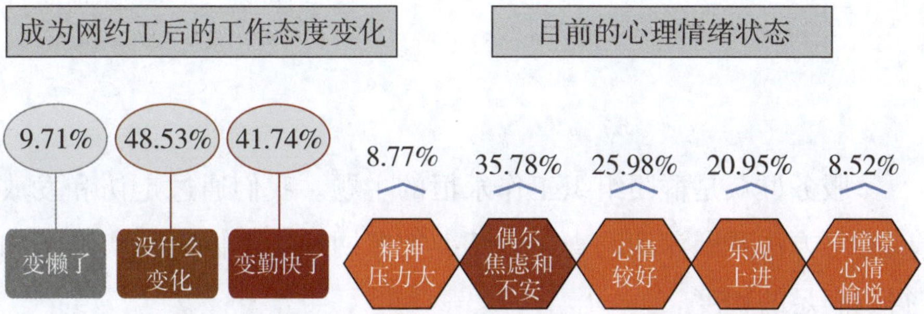

图2-22　三个平台的网约工对成就感理解的看法

9. 关于负荷与责任，71.81%的网约工认为应把工作放在第一位，只有少数网约工会闯红灯。具体情况如图2-23所示。

负荷与责任　71.81%的网约工认为应把工作放在第一位。67.12%的网约工能做到严格遵守交通规则。

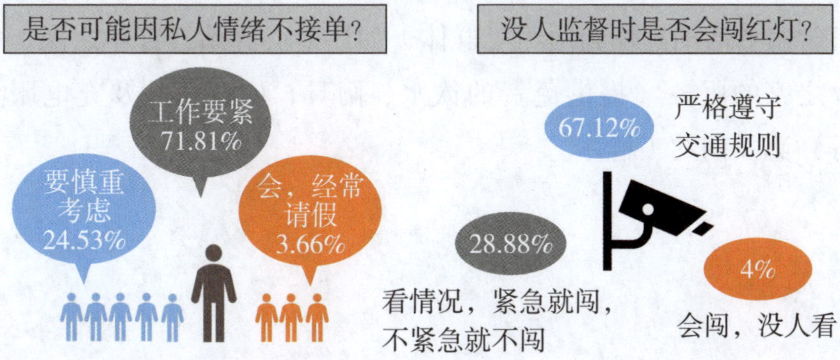

图2-23　三个平台的网约工对负荷与责任的看法

第三节　网约工的现实需求与群团组织服务供给相关性分析

服务群众是群团组织工作永恒的主题。我们通过走访和发放问卷等方法开展深入调查，以精准把握网约工群体的现实需求和得到满足的程度。

一、非管理岗位网约工的现实需求

在日常关怀方面，我们设置了"您希望工会为您提供哪些福利"的问题。回答结果显示，网约工们最期待的福利项目是生活福利和节日福利，如图 2－24 所示。因此，群团组织可以将一些日常服务活动延伸到网约工群体，如让爱心驿站、青年之家、妇女之家的服务（提供免费的饮水、雨具、应急药品及充电服务等）惠及网约工群体。

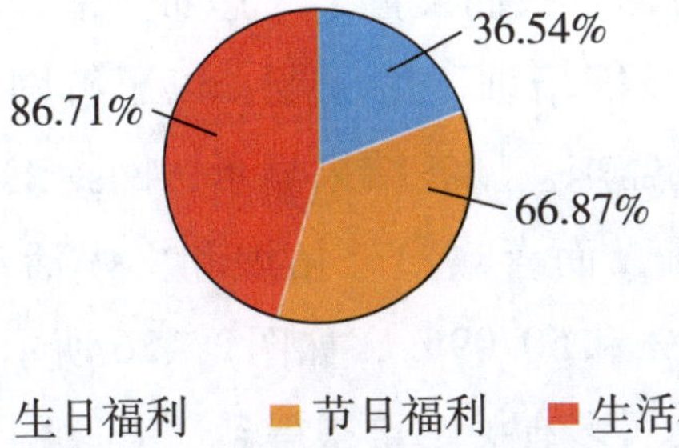

图 2－24　非管理岗位网约工希望获得的福利

在特殊关怀方面，我们设置了“您希望政府为您提供哪些帮助”的问题。回答结果显示，健康检查、困难补助、普法维权、法律援助最受期待，如图 2－25 所示。这个结果与网约工的行业特性相符，例如美团骑手提供的是送餐服务，往往需要跟顾客面对面接触，职业的特殊性使他们更注重健康检查；网约工们的家境往往比较普通甚至有些困难，因此很期待工青妇等群团组织开展对口、精准的帮扶、慰问、关爱行动；无论是美团骑手还是滴滴司机、货拉拉司机，都在劳动关系中处于较为弱势的地位，他们很需要得到法律援助，以维护自身的劳动经济权益。

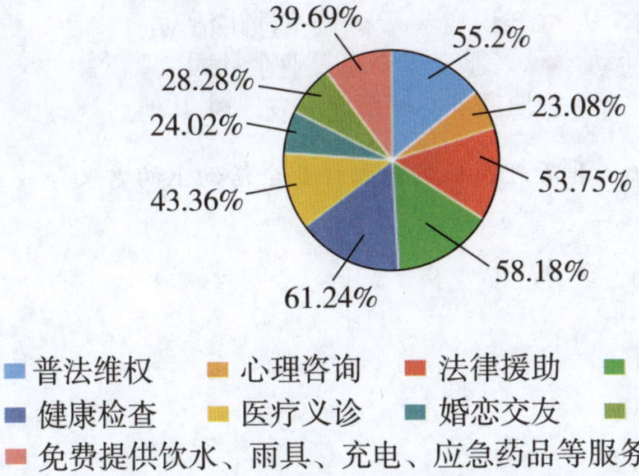

图 2－25　非管理岗位网约工希望政府能提供的帮助

在成长关怀方面，我们设置了“您希望能参加哪些活动”和“您希望参加哪些技能培训”的问题，以了解网约工们在业余生活和技能提升上的需求。回答结果显示，网约工们的业余活动呈现出多元化的特征，而喜欢户外拓展和文娱活动者均超过了半数，分别占57.75%和50.09%，如图2-26所示，我们认为这与网约工群体年轻人居多有关。希望得到“互联网+方面”的培训者占比达54%，如图2-27所示，这说明网约工们也有与时俱进的意识，有更换工作和创业的欲望，群团组织可以在就业创业方面为他们提供帮助和扶持。

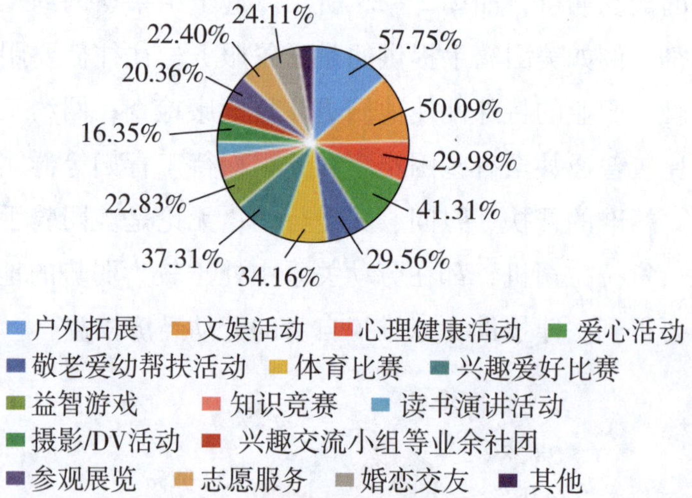

图2-26　非管理岗位网约工在业余活动上的需求

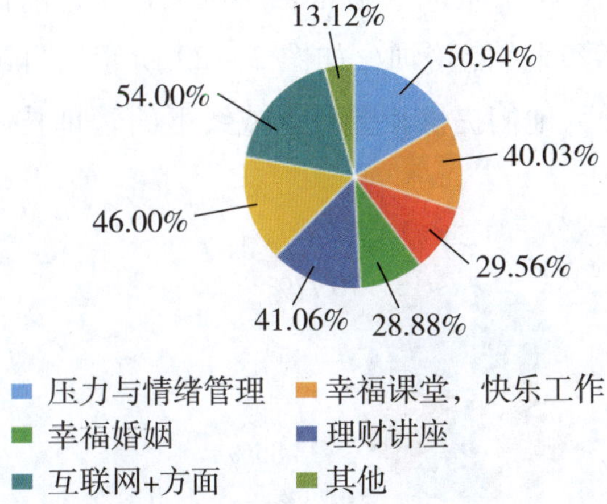

图 2-27 非管理岗位网约工在技能提升上的需求

二、管理岗位网约工的现实需求

我们为处于管理岗位者单独设置了问卷，以了解他们的需求是否与非管理岗位者不同。

“您认为自己的学历够用吗？您是否希望提升学历？”一题的回答结果显示，只有 15.38% 的人觉得自己的学历已够用，其他的人都有意愿把学历提升一个档次，如图 2-28 所示。群团组织可以开设类似“园区大学”的项目，帮助有志青年们在从事岗位工作之余提升学历。

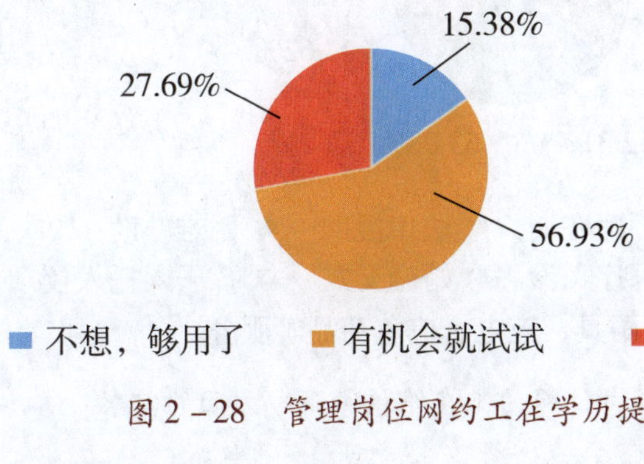

图 2-28 管理岗位网约工在学历提升上的需求

“您希望参加哪些技能培训?”一题的回答结果显示，有高达76.92%的人选择参加管理技能培训，如图2－29所示。群团组织可以整合培训资源，为他们提供相关线上或线下的管理技能培训课程。

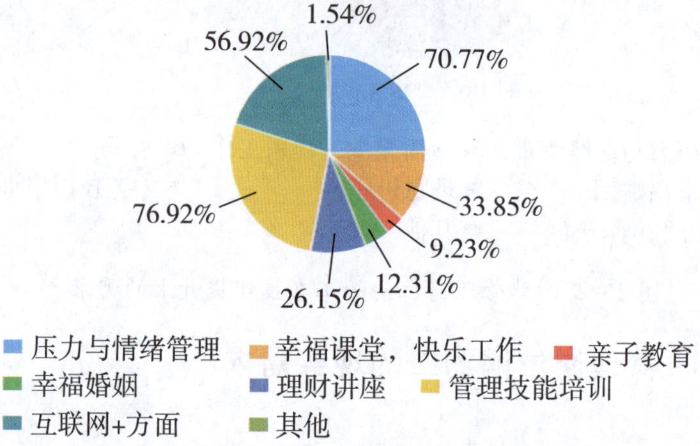

图2－29 管理岗位网约工在能力提升方面的需求

“您希望政府为您的站点和员工提供哪些帮助?”一题的回答结果显示，普法维权、困难补助、爱心驿站最受期待，如图2－30所示。

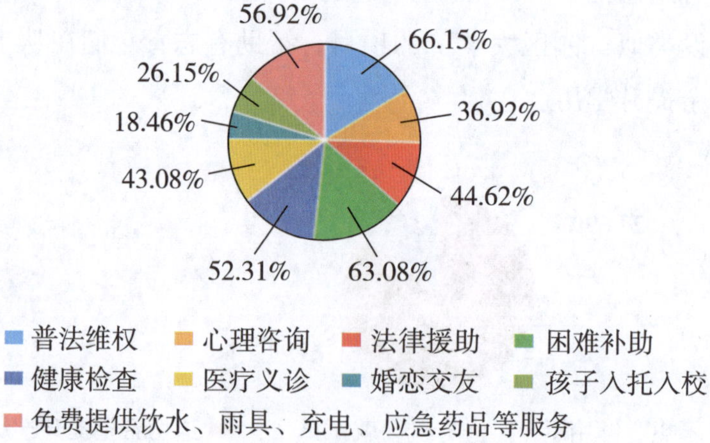

图2－30 管理岗位网约工在维权等服务方面的需求

第三章

广东省『三新』领域群团组织基层社会治理情况

在本次调研中，我们发现广东省内许多互联网生活服务平台目前未建立起群团组织，例如美团、滴滴、货拉拉中都没有建立起团委和工会。此外还发现，群团组织在整合统筹能力和创新工作机制两方面都存在不足——内容跟不上“三新”领域务工人员的需求、队伍跟不上“三新”领域的发展。调研得出的结论是群团组织在“三新”领域开展工作存在较大难度：第一，网约工社会低组织化使群团组织不得不面对更加复杂的个体需求，导致组织对接和社会治理的成本增加。第二，群团组织对网约工个体缺乏约束和规范，从而无法观察行业个体的偏离行为和非理性行为。第三，平台型经济企业组织架构（平台—代理商—网约工）之下，相关利益者的需求不一致，群团组织难以找到有效抓手。

第一节　广东省“三新”领域群团组织建立情况

广东省“三新”领域的企业普遍没有建立起群团组织，工会缺失问题尤其严重。从 2020 年 7 月 13 日至 10 月 22 日，我们与“三新”领域部分企业的负责人见面、电联、微信沟通工会建会等事宜的次数达到了 25 次。2020 年 8 月 6 日，我们与美团华南区总负责人在珠海市总工会进行座谈，就骑手的劳动权益、经济权益情况和建会、入会情况进行讨论，虽然会谈过程比较顺利，但后期美团总部还是以各种理由暂缓了建会事宜。

2020 年 10 月 15 日，我们与珠海市发改委、珠海市工信局、珠海市公安局、珠海市劳动保障监察综合执法监督支队、珠海市交通局、珠海市商务局、珠海市市监局、珠海市税务局 8 个部门展开座谈，期间，珠海市交通局表示，作为网约车平台的管理机构，市交通局目前都没能完全掌握各个平台的数据，而且他们也没有做过关于网约车司机需求现状的调查，但可以肯定的是，目前滴滴、货拉拉两个平台并未在珠海市建立工会。我们曾试图联系滴滴、货拉拉的珠海市区域经理聊建立工会这件事情，但他们基本持回避态度。

第二节　“三新”领域难以建立群团组织的现实因素

在“三新”领域难以建立起群团组织，有着复杂的现实因素。以“三新”领域企业工会的建会、入会情况为例，存在六大阻碍因素：一是“三新”领域企业与务工人员的劳动关系难以确认，务工人员依法组织和参加工会的权利不易实现。在“三新”领域特有的新型雇佣关系下，一个务工人员可在不同平台提供劳务，从事不同类型的工作，因此难以准确认定该务工人员的所属工会，而如果没有明确的工会归属，工会就难以有效地为务工人员维权。二是“三新”领域企业的务工人员具有较高的流失率，建会依托不足。三是“三新”领域行业协会发展相对滞后，行业管理较为松散。四是部分“三新”领域企业对建立工会有抵触情绪。这些企业认为建立工会会增加企业运营成本，普遍具有“多一事不如少一事，能拖多久就拖多久”的心态。五是“三新”领域企业的务工人员对工会的了解不够多，影响其加入工会的意愿。“三新”领域企业的务工人员学历普遍较低，例如美团骑手中，仅有初、高中学历的占到了83.5%，此外，在受访的务工人员中，有69.1%的人不知道工会组织的存在，也不知道有参加工会的权利。六是已建工会的“三新”领域企业大多存在工会组织网络不健全、工作下沉不够、宣传弱化等问题，影响入会率。

第三节　广东省群团组织参与“三新”领域基层社会治理的情况

为了解广东省群团组织参与“三新”领域基层社会治理的情况，我们以珠海市为样本，走访了10个镇街的基层团组织、工会，对其进行了“访谈＋问卷”形式的调研。调研结论是广东省群团组织和青年社会组织的架构不健全，体系不完善，人力、物力、财力各方面的支持力量不够，影响了“三新”领域的务工人员参与基层社会治理。

一、整合统筹力量不足，服务内容跟不上需求

首先，整合统筹力量趋于弱化。具体表现有三个：一是“三新”领域的务工人员分布广且散，其规模、分布点难以掌握，可谓“人多、地广、事杂”，群团组织开展工作的时间成本较高。二是群团组织的人手相对不足，尤其是那些新成立的企业工会或工联会在人力、物力方面往往比较薄弱。三是“三新”领域中的平台型经济企业的总部基本上都在北京、上海、杭州、深圳等地，沟通成本较高。

其次，服务内容跟不上需求。新时期、新形势下，“三新”

领域的务工人员在婚恋交友、创业就业、学习交流、权益维护等方面的需求不断提高，他们需要形式更新颖、内容更丰富的活动。但群团组织所发起的一部分活动缺乏特色、缺乏亮点、缺乏记忆点，提供的服务与他们的需求匹配度较低，甚至出现了供需脱节、群团组织“自娱自乐”的情况。换句话说，就是基层社会治理工作空有形式而缺乏实质。年轻的务工人员普遍缺乏参与基层社会治理活动的动力，会发出“我为什么要参与社会治理活动?”“社会治理活动是什么?”等疑问。这说明他们对于基层社会治理这一概念不了解，同时可以折射出缺少鼓励务工人员参与基层社会治理的奖励机制。通过回收的问卷我们可以看到，拓宽宣传渠道、有针对性地开展主题活动、给予相应奖励被认为是鼓励年轻人参与基层社会治理的有效手段。

最后，宣传方式拘泥于传统模式。很多群团组织的宣传工作依然沿用传统的宣传方式，没有结合“三新”领域的务工人员年轻化、媒体化、个性化的特点作出改变，宣传难以深入人心。调研中我们发现，社区共青团组织的志愿服务类活动经常出现报名人数多于参与人数、活动参与者缺乏纪律性、经常早退或迟到的现象，这些现象的出现都在一定程度上弱化了活动的效果，也容易让人们觉得共青团组织的活动缺乏“公信力”，从而影响了后续各类活动的开展，使共青团参与基层社会治理工作的效果大打折扣。此外，共青团组织开展的创新工作的知晓度较低，如青年文化工作、青年就业创业工作等因为缺乏良好的宣传手段，在体制外的青年中，其知晓度不高。

二、创新工作机制缺失，队伍结构跟不上发展

首先，数字化治理能力有待提高。以互联网技术、物联网技

术为代表的技术变革为人们的工作和生活提供了诸多便利，也催生了一系列平台型经济模式和新就业方式。群团组织要创新工作机制，整合网络阵地，将“三新”领域的年轻人从“网上人”变为“网中人”。例如共青团组织可建立起专业的 App 运营团队，实现扁平化管理，做到实时掌握“三新”领域青年的动态，通过大数据分析，从不同维度掌握他们的基本情况和思想动态，从中选拔出优秀的青年参政议政、参与民主协商决策，推选更多优秀的青年成为人大代表、政协委员。

其次，队伍结构未能适应社会发展。以珠海市香洲区为例，该区区共青团组织共有专职干部 15 人，兼职干部 186 人，年龄在 26 ~ 40 岁的占比高达 88.35%，专职干部的服务群体主要是政府机关、事业单位的青年，对于“三新”领域青年的影响力基本为零。此类现象较为普遍，这在一定程度上使共青团成了服务政府机关、事业单位青年的组织，而非服务社会青年的群团组织，削弱了共青团参与基层社会治理的作用。此外，社区群团组织干部发展空间有限、岗位吸引力不高、流失速度较快，青年骨干、后备干部的培养比较困难，这些都是有待解决的问题。

第四节 广东省群团组织参与基层社会治理活动案例

一、广州市活动案例

2019年6月24日，广州“6·26”国际禁毒日禁毒入户宣传暨“广州市美团禁毒志愿服务宣传队”成立启动仪式在广州市青年文化宫举行。该活动由广州市禁毒委、团广州市委、广州青少年犯罪研究会主办，美团点评、广州市青年文化宫、广州市禁毒教育馆协办。团广州市委副书记王婵娟、广州市禁毒办副主任张胜春、广州市禁毒教育馆馆长黄俊华、美团副总裁杨伟明参加了活动。80名美团骑手参与了启动仪式。

2019年7月10日，“百万骑手 千城亿户”全国反诈宣传活动广州分会场启动仪式在广州市英雄广场举行。启动仪式结束后，100名美团骑手从仪式现场出发，在广州市范围内投放反诈宣传单张，接下来，美团将积极参与为期3个月的全省反诈宣传活动。

二、佛山市活动案例

2019 年 3 月 22 日，一场别开生面的直播活动在佛山顺德街头上演——“美团小哥”穿上反光背心站岗执勤，在路口维护交通秩序，交警们则骑上摩托车送外卖。这次活动的目的是让交警和外卖员通过互换角色来体验对方的工作，最终实现能够换位思考、理解对方，共同推进辖区的交通安全建设。

2019 年 5 月 29 日，“佛山市祖庙丰收街青年之家美团外卖服务站”授牌仪式在祖庙街道办举行，祖庙街道团委常务副书记张公武介绍了祖庙丰收街青年之家服务站的建设规划。同日，祖庙街道团委为美团外卖佛山汽车站站和祖庙普君站两个站点授予“青年之家服务站”牌匾；禅城区交警大队的朱沛霖警官为辖区内的部分美团骑手进行交通安全培训，骑手们集体宣读《交通安全倡议书》并在倡议板上签名。

三、珠海市活动案例

2020 年 5 月 19 日，珠海市交警部门联合滴滴在前山金嘉创意谷开展“一盔一带”安全守护宣教活动。活动中，蒋警官向在场的 20 余名滴滴代驾司机展示了不系好安全带、不佩戴安全头盔所造成的事故案例，宣传“一盔一带”的重要性，说明了酒驾、醉驾的危害。2020 年 5 月 20 日，珠海市交警部门再次联合滴滴、平安保险在斗门大信新都汇举办了“一盔一带”和“零酒驾创建”主题交通安全宣传活动。

2020 年 8 月 4 日，为共同维护交通安全秩序，滴滴联合珠海市交警部门、玖洲道购物公园共同发起创“‘零酒驾’文明城”系列主题活动。滴滴将与珠海市交警部门共同致力于将珠海创建成为“零酒驾”文明城，与珠海市众多热门商圈、街道、企业联合推行预防酒驾新模式。

2020 年 11 月 19 日，珠海市交警部门与滴滴在优特汇购物中心共同开展“知危险会避险，安全文明出行”——“12·2”全国交通安全日主题宣传活动。在活动现场，珠海市交警部门的领导对滴滴评选出的“十大交通文明使者”进行了表彰并颁发了荣誉证书。

四、深圳市活动案例

2019 年 6 月 3 日，深圳市公安局与货拉拉签署战略合作协议，并授予其“警企共建平安成员单位”牌匾。这次警企合作使双方的大数据平台得以对接，使大数据在“打、防、管、控、建”各个领域发挥积极作用，提升了深圳公安的全面感知能力，真正做到了“互惠互利，平安共建”。

2020 年 6 月 23 日，货拉拉联合深圳市交通局、深圳市交警局举办司机安全培训大会，参会的司机约有 120 人。会上，深圳市交通局对普货运输行业安全管理现状及问题进行了深入剖析，市交警局通过数起触目惊心的典型事故案例对相关交通法规进行解读和宣讲。现场气氛既融洽又热烈，司机们都表示获益良多。

2020 年 6 月 30 日，深圳市福田区总工会党支部书记刘东升同志带队前往货拉拉，与深圳依时货拉拉科技有限公司党支部开展党建结对活动。双方就如何贯彻落实党的十九大精神和习近平总书记系列重要讲话精神，进一步加强党建工作，深化党建工作内涵，创新党建工作方式，服务发展大局，充分发挥基层党组织的战斗堡垒作用和党员先锋模范作用进行了交流。

2021 年 1 月 13 日，深圳市福田区总工会党支部与深圳依时货拉拉科技有限公司党支部在福田国际电子商务产业园党群服务中心开展结对共建座谈会，共同探索党建及工会组织建设的新思路、新途径、新方法。福田区总工会还为货拉拉的司机们送上了新春大礼包，让留深过年的司机们感受到了来自“娘家人”的关怀和温暖。

第四章

群团组织在“三新”领域基层社会治理中的困境分析

前文简单提到，群团组织在“三新”领域基层社会治理中陷入困境，是诸多因素造成的，本章中，我们将作进一步分析。概括而言，主要有五方面的因素：一是政府部门多头监管，难以形成治理合力。二是法律规范供给迟缓，难以做到前置预防。三是“三新”领域具有社会低组织化的特点，群团组织的工作难以实现有效覆盖。四是群团组织提供的基层服务难以满足“三新”领域平台型企业的需求。五是群团组织依靠传统建会模式难以实现技术治理。

第一节 监管因素

美团某负责人曾调侃道：“美团找邮政，邮政说美团不属于快递行业，是餐饮行业；美团找食药局，食药局说美团不是餐饮行业，是互联网平台；互联网管理部门则认为美团是生活服务平台，由工商管理部门负责。食药局管外卖食品安全，交通运输局管交通安全，质量监督局管电动车生产，工商管理部门管销售环节，外卖行业方方面面都涉及，反而陷入了一个无主管部门、无行业协会的尴尬境地。”

我们在与珠海市交通局、珠海市市监局、珠海市人社局、珠海市税务局、珠海市商务局、珠海市公安局、珠海市委网信办、珠海市工信局八个部门的工会主席或分管领导、业务科室负责人的座谈会上了解到，目前美团主要与市监局对接较多，市监局对美团的要求主要是严格落实平台食品安全主体责任，定期对平台网络食品经营管理情况进行自查，做好日常管理工作，但并不管骑手的安全问题；滴滴司机的“网络预约出租汽车驾驶员证”由市交通运输局审查，市交通运输局会定期对滴滴的公司许可情况、经营管理情况、派单情况、数据传输情况、安全生产情况等进行检查，但驾驶员的信息还要报送市公安局备案；货拉拉则被划归快递行业，由邮政管理局主管。市人社局、市税务局还表示，对于网约工的社保缴纳情况和企业税收情况不了解，因为大部分“三新”领域平台型企业并不是在本地注册的。

快递行业曾经有过类似的境遇，但如今已大为改善。2009 年新的《中华人民共和国邮政法》颁布，使快递业获得了合法的经济地位，快递企业也从此有了合法身份。2018 年 5 月 1 日，《快递暂行条例》颁布施行，宣告了中国快递业的法律体系正式形成。从 1993 年第一家民营快递企业成立到 2009 年新的《中华人民共和国邮政法》颁布，中国的民营快递企业用了 16 年，终于摘掉了“黑快递”的帽子。目前，政府部门对快递行业的监督管理是“一主多辅”的格局——邮政管理局是快递企业的主管部门，市场监管部门是快递企业的登记机关，公安机关、国家安全部门等对快递行业的安全问题进行防范和控制，交通运输部门则对快件的流通运输过程进行规范监督。

我们认为，要想改变上述的尴尬局面，需要建立起平台方与地方政府职能部门的协调沟通机制，建立起平台方与地方立法机构、政治协商机构协调沟通的机制，做到信息互通。

第二节 法律因素

未来，在5G、人工智能以及经济转型升级的共同推动下，“三新”领域平台型企业的经营模式和企业形态都将快速进化，新情况、新问题将层出不穷。法律制度具有时效性差的特点，而平台经济的经济结构、组织形式、劳动关系正在不断快速变化，故而要想通过立法论证的方式来确立有针对性、原则性的法律制度面临巨大的挑战，这显然不利于前置预防。

例如，目前全国完全禁止电动车上路的只有两个城市，一个是珠海市，一个是沈阳市。美团的安全专员为了解决骑手骑电动车上路的问题，多次与珠海市交警部门、人大立法委交涉，希望能出台相应的电动车安全上路标准，解决此问题，但由于《珠海经济特区道路交通安全管理条例》（2011年修订本）明确规定珠海市禁摩禁电，因而双方的交涉陷入胶着状态。

另外，我国现有劳动法律对于新型灵活就业劳动关系缺乏清晰的界定标准，这使得众多新业态中的劳动者缺乏必要的传统劳动保障。“996”“5+2”“白+黑”的工作方式成为一些新兴行业的“准则”，造成了大量的劳动伤害出现在新兴行业中。例如美团的骑手的社会保险覆盖率远远低于传统行业中的就业人员，他们当中很多人属于“临时工”，没有签订劳动合同，享受不到失业、医疗、养老等本该享受的社会权利。

我们认为，在制度层面建立和推行与新经济形态契合、与国家政策相符的法律条款，完善劳方的民主参与权，是做到前置预防的前提。

第三节 社会因素

“三新”领域的外卖、网约车、快递等行业是我国经济转型和社会转型过程中人数增长最为迅速的行业。大部分农村剩余劳动力、待业人员会因为这些行业具有低门槛、高收入、高自由度的特点而选择进入；送外卖、送快递成了数百万“小镇青年”立足大城市的第一份工作；大部分有闲置车辆的人也会加入滴滴和货拉拉，做做兼职。

“三新”领域社会低组织化的特点，具体表现在相关行业中的务工者具有以下特征：

1. 城市中的“移动 U 盘”。在过去，国家通过单位体制将所有社会成员都吸纳进治理结构中，从而实现对社会的有效整合。而如今，无数网约工游走于商户与客户之间，变成了“自带信息、不装系统、随时插拔、自由协作”的“城市 U 盘”。他们的岗位流动性强，呈现出“短工化”的趋势。调研结果显示，美团骑手与饿了么骑手的平均离职周期是 40 天。他们与平台的合同里没有规定就业时间，离职前只要提前 1 个月报批就可以了。他们的就业方式与生活方式也具有多样性。

2. “路跑一族”。他们是城市里“流浪者”，很少有人加入到组织中去寻找归属感和认同感。对骑手来说，促使他们“归巢”的唯一动力就是回到站点给自己的电动车充电2小时；“站点—马路—住所”是他们每天都在重复的行程轨迹；一天工作10小时以上是常态，唯一的念头就是“多赚钱”；大部分人从没想过能在城市里安家立业。他们有情感归属、社会认同、权益保障等诉求，但思路并不清晰，也不了解实现的渠道与步骤。

3．学历较低，对党团组织的认识不强。以美团为例，调研结果显示，超过80%的骑手仅有初中或高中学历。美团珠海分公司的负责人邓经理是个“90后”，主要负责美团在珠海的36个站点、74名站长和1320名骑手的管理工作，但作为一名本科生和平台方的管理者，访谈时他表示并不了解工会、团委、妇联的职责和工作范畴，也不清楚要通过何种程序加入群团组织，更不清楚加入这些组织对自身业务和工作会有什么帮助。

“三新”领域社会低组织化的特点使群团组织不得不面对更加复杂的个体需求，组织对接和社会治理的成本增加，对个体缺乏约束和规范，无法观察个体的偏离行为和非理性行为，难以找到有效抓手。

我们认为，就“三新”领域而言，近些年来群团组织虽然在动员群众、维护权益、服务群众和帮扶济困等方面做出了不懈的努力，也取得了很大的成效，但是，社会阶层仍在急剧变化，人民群众需求日益多元，群团组织如果继续沿用以前的工作方式来开展工作，会在参与社会治理时陷入摸不着头脑、与其治理主体缺乏互动等困境。

第四节 企业因素

首先，“三新”领域的平台型企业一向是“盈利优先”，缺乏建立团组织、工会等群团组织的动力。

这些企业从成立之初就以抢占市场为导向，追逐经济利益，即使发展壮大以后也不例外。以美团为例，即便已经拥有巨大的市场份额，但在市场竞争和外部投资人的压力下，仍然把经济效益视为影响企业发展首要因素。

以外卖行业为例，无论哪家外卖企业，要同时做好安全防范和服务到位，都需要一笔不小的资金投入，因此，在同质竞争严重，要以价格取胜的情况下，为减少企业的运营成本，从公司总部到基层站点均忽视了安全防范和骑手福利提升。外卖企业通过大数据、云计算、人工智能等技术手段，通过建立信用星级评价系统，让消费者对骑手的服务态度、服务时效等进行评价，以此来评定骑手的服务质量并作为骑手绩效考核、薪酬发放、奖励确认的依据。这种做法为企业节省了很多物力、财力，也大大提高了工作效率，但也存在一定的问题：如果仅仅以消费者满意、企业获得更大利益为导向，那么骑手的要求和切身利益很容易被忽略，而且消费者对骑手的评价是一种主观评价，可能有失偏颇，但这些主观评价却成为骑手的重要考核指标和薪酬支付的依据。展开来说的话，可能产生的负面效应有以下一些：

1. 由于企业与骑手的都是通过网络平台进行“沟通”的，因此人与人之间的情感交流被削弱，现实工作过程中少了相互理解和支持，骑手也同样把追求自身利益放在第一位，没有归属感和荣誉感，在某些情况下可能会不顾企业的利益而诋毁企业形象，或使消费者权益受到危害。

2. 骑手常常“脚踏多只船”，希望通过不同平台来获取更多利益，流动也更为频繁，而人员流出流进的速度变快会降低职工队伍结构的稳定性。骑手的流动性大、离职率高，也是外卖企业缺乏服务意识的表现之一。

3. 企业仅仅注重骑手市场经济报酬水平的最大化，骑手为了获得更多的劳动报酬，每天长时间工作，无暇参与各类活动或培训，企业更是以此为借口不愿为骑手提供更多的福利政策和业余活动安排。

4. 外卖企业的经营模式通常是在前期通过资本投入抢占市场，在后期再巩固客源、提高产品的吸引力，而在“野蛮扩张”的发展阶段，扩大规模、控制盈亏成为企业的首要战略，为骑手谋福利、送服务并不在企业的考虑范围内。

其次，群团组织提供的基层服务难以满足企业的需求。

仍以外卖企业为例，有接近八成的骑手表示非常需要社保等福利，但目前美团与饿了么只是强制骑手们自掏腰包购买意外险(3 元/天)，甚至很多站长都没有购买珠海市的社保。造成这种情况的主要原因是骑手通常是与代理公司签订合同，而代理公司为降低经营成本，一般不会为骑手购买社保，即使骑手想购买社保，但考虑到代理公司非珠海本地公司，只能提供外地社保代缴服务，也会放弃购买的念头。在帮助骑手们解决社保的问题上，群团组织并没有直接的职能权力，往往是有心而无力。

外卖企业往往会在每个地方扶持起一个大的代理商，由代理商与政府相关单位接触，建立代理商层面的工青妇组织，对骑手进行管理与服务，各地的群团组织也都是只能和企业在当地最大的代理商接触。这种架构导致平台、代理商、骑手三方的利益需求不一致，而群团组织又没有专门的人员长期、高效地与企业、代理商、骑手三方进行有区别的沟通和联系，难以提供有针对性的基层服务。

我们认为，要改变上述状况，群团组织的基层服务工作要考虑到以下几点：

1. 争取形成价值认同，得到企业的支持。以美团为例，这家企业是有党支部和工会的，且企业认同党的领导，认同群团组织的功能与作用，但企业中只有少数从政府岗位走出来进入公司的高层对群团组织有一定认识，企业仍然是以“开疆拓土”为业务核心，抓群团组织工作的动力不强。不过，目前有一个契机——美团正在打造公益平台，将公益慈善融入消费生活，期望在营养健康、扶老助残、儿童发展等方面帮助困难群体改变生存和发展现状。截至2018年底，美团公益平台的筹款额超过了1000万元。在扶贫方面，美团结合自身的业务特色，探索出“互联网+扶贫”的新思路，帮助贫困地区的农产品、旅游景点通过互联网走向乡村外的世界。美团的农产品采购项目也是消费扶贫的重要载体：美团将甘肃定西土豆引入进货渠道，面向全国餐饮商户直接进行线上销售，同时在生鲜超市专柜售卖，通过精准采购、精准销售贫困地区的农特产品，做到精准扶贫。美团旗下的大众点评推出了“助力高远”美食扶贫项目礼盒，美团公益平台联合美团礼品店共同推出了礼县精准扶贫项目礼盒。显然，在向“社会企业”迈进的新阶段，美团也在逐步探索如何发挥平台优势，为解决更多的社会问题提供助力。在这样的背景下，工青妇等群团组织可以与美团展开多方沟通，努力找到双方合作的契合点，形成价值认同，携手共建可持续发展的美好社会。

2. 满足代理商的利益需求，得到代理方的支持。以外卖行业为例，如果要在骑手层面建立工青妇组织，那么代理商是一个无法绕开的主体。饿了么在珠海市有四家代理公司，分别是广州逸海、上海鲁诺、义乌速达和江苏全配通，它们在珠海一共建立了 19 个站点，其中拥有最多站点的代理商是广州逸海。广州逸海在珠海市有 10 个站点，专职骑手 401 人。我们对广州逸海这个代理商进行了访谈，他们最大的需求是希望政府有关部门能给骑手提供充电和休息的地方，而我们在做问卷调查时发现，饿了么在珠海市香洲区有 9 个站点，这 9 个站点周边 3 公里范围内共计有 52 个党群活动中心！很显然，如果能把党群活动中心的空间共享，扩展党群活动中心的功能，那么就能在空间上与站点有效连接。这也是个让站点和代理商主动了解党群组织并自愿走进党群活动空间的有效办法。

3. 增强认知，得到一线务工者的支持。很多年轻的务工者根本不了解工会、团委、妇联是做什么的，而解决这个问题的最好办法就是“刷存在感”——在人员最集中的时间做他们最需要的事情。例如，美团和饿了么的各个站点通常会在每天早上 10 点召集骑手们开早会，早会的内容包括数据播报、着装检查、交通安全知识讲解、外卖箱清洗和消毒等，群团组织的公益律师和心理咨询师可定期在早会时间去到站点，就骑手们的身心健康、家庭关系、福利待遇等进行交流和提供咨询。在我们的调研中，美团和饿了么平台方的负责人也表示过，可以让工青妇在一些大的站点挂牌，也可以把工青妇的维权电话、App 等推送给骑手们。

第五节　建会模式因素

群团组织传统的建会方式是先在相关法律和政策的指导下，印制建会的宣传折页，细化建会的工作流程图和操作指南，然后采取上门服务、错时服务、驻企服务等举措，组织人员和力量到企业去召开职工沟通会，那些有意愿入会的职工现场填报会员采集表，现场入会。这种传统建会模式，无法适应“三新”领域的现实环境，具体表现在以下几个方面：

1. “三新”领域基层社会治理区域碎片化、分散化、范围大，难以进行有效监管。

2. “三新”领域的基层社会治理具有多元性，不能采用“一刀切”的方式。

3. 群团组织与在“三新”领域从业的年轻人之间缺乏有效的信息沟通机制，没有利用信息化手段建立起自下而上的信息反馈机制。

我们认为，“三新”领域的基层社会治理和群团组织阵地建设的关键是大数据应用，而工作人员年轻化、技术化、平台化将成为群团组织在“三新”领域做好阵地建设的重要抓手。

作为党组织的延伸部分，群团组织要敏锐感知社会需求，加快实现服务对接，改变在“三新”领域基层社会治理中过分倚重传统治理方式的状况。群团组织应当在“三新”领域基层社会治理中居于领导和中心地位，阵地建设应兼具聚合和组织提升功能。

第五章

群团组织『三新』领域基层社会治理路径探究

2021 年 3 月 15 日，习近平总书记主持召开中央财经委员会第九次会议，研究促进平台经济健康发展问题，指出我国平台经济的发展正处于关键时期，一定要着眼长远、兼顾当前，补齐短板、强化弱项，营造创新环境，解决突出矛盾和问题，推动平台经济健康持续发展。

法律能否持续完善健全，不仅仅关乎新兴岗位劳动者的权益保护，同时也关乎社会稳定。我国新兴行业、产业、商业越来越发达，越来越多样化，这就要求我国的法律法规应进一步完善，同时也要求地方政府提升执政能力，在出现问题时能够积极地处理与应对。

本章主要探讨群团组织“三新”领域基层社会治理的路径。针对前文提到的各种对群团组织“三新”领域基层社会治理造成影响的现实原因，我们提出了四个方面的对策，也即四条路径：设定中间体劳动关系，构建新的劳动关系法律体系；党建工作机制化，强化多部门共同协调治理；组织管理手段技术化，提升数字化治理能力；用“六度”原则使服务精准化，增强精细化服务能力。

第一节 设定中间体劳动关系，构建新的劳动关系法律体系

一、设定中间体劳动关系确认法规

当前我国的司法实践对于如何认定互联网生活服务平台用工合同的性质存在分歧，在判决实例中，有居间、劳动、劳务、雇佣等多种结果。事实上，互联网生活服务平台的用工形式虽有创新，但在劳务给付方式上，并未完全脱离既有的方式，这为解决问题提供了思路。

平台式自主劳动关系在《中华人民共和国劳动法》以及《中华人民共和国合同法》中均未被提及，但毫无疑问的是，平台劳动者与平台实质上形成了带有“劳动”要约的合作关系。与其调整《中华人民共和国劳动法》，扩大该法的适用范围，或是把平台劳动者“一刀切”认定为该法中的“劳务提供者”，不如有针对性地就这种劳动关系单独制定新的确认指标，谨慎地将平台内的自主劳动关系明确为中间体劳动关系，把平台劳动者在平台获得的劳动收入占其全部劳动收入的比例、平台劳动者占有生产资料的情况、平台劳动者受平台管控的情况、平台劳动者自身的意愿等因素考虑在内。通过这种方法，引导互联网生活服务平

台与平台劳动者双方进行市场化选择，尽可能兼顾双方的利益，保持平台劳动者在劳动市场上的积极性。

二、督促平台完善服务费给付机制及申诉机制

建立合理的平台服务费给付机制及完善的申诉机制不仅可以改善平台与平台劳动者之间的关系，也可以减少平台劳动者和客户之间的矛盾。为此，政府应采取措施，督促平台完善服务费给付机制及申诉机制。在平台服务费给付机制方面，政府可根据各部类的利润情况，提出市场指导比例，防止互联网平台形成垄断地位或滥用支配地位收取高比例抽成，提升平台劳动者对平台的信任，实现双赢。与此相应的是政府应监督平台建设起平台劳动者的申诉渠道，例如处理恶意差评的渠道。

三、分配劳动关系主体责任比例

依现行的《中华人民共和国合同法》，“外包”的平台劳动者与第三方劳务公司之间实际存在劳务关系，所以第三方劳务公司需对所雇佣的人员在劳动时间内的行为负责；而平台作为整个劳动过程的参与者，不应完全规避风险，政府可制定有效措施来约束平台责任。例如，约定平台与第三方劳务公司的责任分配比例：以第三方劳务公司提交给平台的服务费占其总体收入比例为基准，平台按此基准对平台劳动者的劳动权益负责。鉴于那些全职的“外包”劳动者，由于其工作具有内容固定、劳动时间长等特点，因此可考虑规定由第三方劳务公司来适当提高福利待遇。

第二节　党建工作机制化，强化多部门共同协调治理

一、抓好党建带工建工作

坚持党建带工建的工作思路，依托党建抓工建，探索将"三新"领域建会工作纳入党建考核体系，坚持在同级党委的领导下有力、有序地推进"三新"领域建会工作。

二、建立平台用工专项统计制度

交通、邮政、交警、工信、统计、工商、人社等各部门应加强沟通协作，健全"三新"领域的信息沟通、数据共享、协调处理制度，建立与"三新"领域企业的联合工作机制，针对"三新"领域各行业开展全省性的统计和分析，全盘掌控"三新"领域务工人员的就业动态，加强行业监管监测，提升服务水平。同时，将"三新"领域务工人员参加政府各类评优、评选活动与个人薪酬绩效挂钩，将技能培养与职业资格证书挂钩，将公益服务与积分落户挂钩，以提高各部门共同协调治理的水平，提升"三新"领域务工人员的获得感。

三、加强平台劳动者社会保障建设

建立“以平台为主，以劳动者为辅”的社会保障机制，由平台对中间体劳动者承担社保责任，平台劳动者可自行补充部分社保。人社部门在设计社会保障体系时，应注重平台式自主劳动关系中福利保障制度的可转移性，并设定多档次的社会保障缴费数额，让平台劳动者灵活缴费；打破灵活就业人员以个人名义加入社保的地域壁垒，允许外地人在工作地以灵活就业人员的身份参保；减轻平台劳动者的负担，提高平台劳动者的参保积极性，并为平台劳动者提供劳动缓冲期，发挥社会保障的福利功能。

四、督促平台完善奖惩及培训制度

工会应参与平台劳动者的技能培训——与平台开展合作，根据平台劳动者的工作类型、所在行业、劳动性质，有针对性地开展一系列有助于提高平台劳动者技能和劳动竞争力的培训活动，鼓励平台劳动者参与培训并通过技能考核。政府部门应当对平台的奖惩制度设计进行监督，同时还可下拨一批平台劳动者专业技能培训专项款项，要求平台与第三方劳务公司必须将款项用于定期开展的技能培训，并公开披露款项使用细节，保证款项真正落到实处。

第三节 组织管理手段技术化，提升数字化治理能力

一、推进工会 App、服务号的数字化

推进工会 App、服务号的数字化，将“三新”领域务工人员从“网上人”变为“网中人”，通过信息化方式让“三新”领域务工人员便捷入会。第一，要明确 App 和服务号的功能定位，丰富信息发布内容，为“三新”领域务工人员提供更全面、实用、有效的信息，为他们的生产和生活提供便捷通道。第二，要扩大 App 和服务号的服务范围，规划好工会业务的线上使用场景，如在线查询、在线预订、在线支付等，使 App 和服务号实现“三新”领域务工人员最需要的“三圈”（资讯圈、生活圈、活动圈）功能。第三，要成立运营团队并加强人才队伍建设。应组建专业的运营团队，帮助工会实现扁平化管理，方便实时掌握“三新”领域会员的动态；进行大数据分析，要从不同维度掌握“三新”领域会员的基本情况和思想动态。

二、用科技助力工青妇服务优化

“三新”领域务工人员中，“80 后”“90 后”的占比极高，作为新时代的青年农民工群体，他们对新鲜事物的接受程度较高，当他们的利益受损需要维权、想学习技能需要培训、生病住院需要募捐时，他们首先想到的是通过网络找到解决问题的渠道。因此，要借助移动互联网客户端，使宣传资料数字化及具有趣味性。工青妇可对 App、公众号的功能进行二次开发，将政策的释义简明化并加入趣味性表述，提升其二次传播能力，此外还可把各种福利的申请渠道放进去，渠道在被使用时有提示、有回馈，服务更加精准化。

客户端的开发及维护离不开专业的团队。市场上不乏优秀的内容创作与传播机构，在人手有限的情况下，可用政府采购的方式将相关服务外包，并把服务效果与外包价格挂钩。

第四节　用"六度"原则使服务精准化，增强精细化服务能力

一、"六度"原则概述

"六度"原则是一个操作系统，也是一种方法论。群团组织可根据六度原则，用六个维度的十五个指标来指导治理活动和优化服务，即在关联度、支持度、匹配度、参与度、实践度、感知度六个方面使群团组织与新业态特定类型的人群建立起组织联系，构建出一个复合型的组织网络，使服务更精准有效。

二、组织建设层面的对策建议

工青妇等群团组织的建设有三个维度的考量：一是群团组织自身的组织网络机制与制度渠道能否帮助群团组织联系到特定的、具有代表性的阶层和群体（关联度）。二是如何发挥群团组织的服务先行功能，在结构空间、体制机制和功能的变革过程中与新业态中的新阶层建立起各种密切的组织网络和制度性通道，在国家治理体系中发挥作用（匹配度）。三是群团组织如何才能

更为精细、有针对性、及时地反映特定阶层和群体的利益及意愿（支持度）。下面以外卖企业为例来阐释三个维度下的对策。

（一）关联度原则下群团组织与企业建立关系的切入点

首先，关联企业战略，关注企业难点。美团和饿了么在2013—2017年“野蛮生长”，通过“扩城市—招代理—代理转直营”之路实现了规模扩张。2019年美团日均订单量超过3000万单，成为全国乃至全球最大的外卖预订平台。美团的战略是以“吃”为核心，在生活服务领域建设从需求侧到供给侧的多层次的科技服务平台，相继推出了金融服务平台、快驴进货、ERP系统等各项服务商家的业务。美团的核心战略侧重于业务链，思考如何用科技创新的力量来帮助商户做决策，助力供给侧数字化，全面提升整个行业的效率。随着配送运营人员和骑手人数的增加，美团和饿了么都成立了专门的安全部门，其负责人都是从体制内转行而来。安全部门的核心职责是考虑建设更加稳定的骑手团队及提升公司的社会服务形象。目前，美团和饿了么安全部门的工作难点都集中在三个方面：提升自身在企业中的地位、建立与政府职能部门的联系、解决骑手安全问题。群团组织要建立长效的建会联动机制，要设专门的人员与企业的安全部门、代理商主动联系，寻找双方合作的契合点，把群团组织的优势与企业的发展战略联系在一起，提升企业对群团组织的认知度，增加企业对群团组织的信任。

其次，关联企业业务发展，关注企业痛点。外卖企业在发展业务的过程中的最大痛点是平台线下业务遭遇地方政府多头监管与平台自身监管区域受限之间存在矛盾——各城市的地面服务商与地方政府管理部门之间的沟通都需要由企业总部来完成，而企业总部只有一个，因此企业与地方政府管理部门的沟通成本过高、时间过长、效果较差。群团组织要关注这一痛点，与企业、地方政府一道，找到可行的解决办法。

再次，关联员工发展，关注员工需求点。目前，外卖行业的员工最大的利益需求是成长（技能）和保障（维权），而作为新时代的青年，他们普遍希望能通过网络渠道表达需求并获得回应。因此，群团组织应在维持和谐劳动关系的基础上，把维权制度建设、维权服务与员工的利益挂钩，注重利用互联网思维和新媒体有效、便捷的优点，把新生代劳动力笼络到群团组织当中，使他们爱看、爱听、爱互动。

（二）匹配度原则下群团组织进入企业的着眼点

首先，匹配企业战略，建设非雇佣关系员工组织管理体系。新就业形态下的劳动关系复杂，目前可提供给各级工会借鉴的经验不多，而作为平台方，企业也处在两难的境地：一方面企业需要骑手对企业的正面形象进行延展，另一方面企业为规避雇佣劳务风险而放弃对骑手的契约管控。新业态中流行的是一种相对松散的、非契约型的人群管理模式。

群团组织在考虑企业战略因素的基础上建设非雇佣关系员工组织管理体系有两条路径：

1. 企业主导。由企业在地方扶持起一个大的代理商，再由代理商向政府相关单位报备，建立起代理商层面的企业内部群团组织，对骑手进行管理与服务。这一路径的着眼点是群团组织配置专门的服务人员，定期、长效地与代理商、企业保持沟通。

2. 政府主导。由骑手中的优秀代表牵头成立骑手协会（民间社团），发动区域内的骑手加入，然后在协会内建立群团组织。这一路径的着眼点是鼓励优秀骑手参与政府各类评优评选活动，并由企业在后台将其取得的政府荣誉与个人的薪酬绩效挂钩。这种做法需要得到企业的支持。

其次，匹配企业业务，构建服务性沟通机制。美团积极探索行业可持续发展之路，于2018年启动了“青山合作伙伴计划”，订立到2020年的三大环保目标，推动外卖行业环保发展。此外，美团还研发了自己的“天网系统”“天眼系统”，在一些主要城市与市场监管部门对接，参与食品安全社会共治。美团还专门成立了安全事务部和监察部，与全国超过500家公安机关合作开展警企共治活动，打击网络黑产、电信诈骗等网络违法犯罪行为，净化行业环境。

群团组织在考虑企业业务的基础上构建服务性沟通机制，有两条路径：

1. 建立与企业、地方政府职能部门的协调沟通机制，以月或季度为时间单位互通信息，以达到深入新业态、了解新业态需求的目的。

2. 建立与企业、地方立法机构、地方政治协商机构协调沟通机制，以月或季度为时间单位互通信息，以达到促进立法、共同协商的目的。

再次，匹配企业员工需求，构建合作治理型的企业员工成长与保障平台。美团为了帮助新兴行业的从业者有效提升就业能力，成立了“美团大学”，下设八大学院，教学内容涵盖餐饮、外卖、美业、酒旅等多个生活服务品类，同时与全国多所职业学校合作，面向不同行业提供有针对性的培训服务，助力生活服务业的数字化人才培养。美团还通过一系列措施来关爱骑手成长：推出服务骑手的十大举措，帮助骑手减少交通风险、提高配送运力；和清华大学合作推出“城市新青年”项目，为外卖骑手疏导心理问题，提供可持续发展的职业培训，帮助骑手更好地融入城市、融入社会。

群团组织在考虑企业员工需求的基础上构建合作治理型的企业员工成长与保障平台有两条路径：

1. 与政府合作。群团组织可以联合大学或者其他组织，以政府购买的方式为企业员工提升学历创造机会，例如提供无门槛的再培训课程，或提供在线学习平台，利用互联网来开展知识培训。在知识技能培训的过程中灌输维权意识、法律意识以及社会公共意识，建立企业员工对群团组织的认识与信心。

2. 与社会组织合作。例如与一些社会组织合作建立服务站，由大学生助理员或专职社会工作者在服务站开展法律咨询、劳动争议调解、职业发展助推、互助保障办理咨询、紧急救助办理、帮扶系统管理等服务工作，联合社区开展心理疏导项目，为困难员工的家庭提供心理康复服务等。

（三）支持度原则下群团组织进入企业的突破点

支持度原则即要得到各利益相关方的支持，包括企业、代理商、员工。具体方法参见第四章所述。

三、服务优化层面的对策建议

服务优化就是改善群团组织服务群众的质量，用群众喜爱的方式来为民众服务。要实现在“三新”领域的服务优化，群团组织必须在三个方面有深刻认识：一是群团组织要代表和实现特定群体的利益，就必须意识到民主参与、共同协商、主体自治、充分竞争才是深入“三新”领域，优化提升服务的关键所在（参与度）。二是群团组织必须承担一定的社会服务功能。在社会需求多元、社会服务从标准化走向个性化的大环境下，群团组织作为党组织的延伸，要敏锐感知社会需求，加快实现服务对接（实践度）。三是使服务对象对服务过程与服务结果有美好感知，使服务对象对党和国家有政治认同（感知度）。下面仍以外卖行业为例来阐述。

（一）参与度原则下提升群团组织服务优化的价值感

首先，激发动机，增强建会动力。例如外卖行业中，员工参与动机最强的活动就是婚恋交友，有超过八成的人表示非常需要婚恋交友活动。既然婚恋交友是一个“硬核”需求，那么群团组织可以整合资源，创造一个媒体曝光率高的婚恋交友品牌活动，激发行业内年轻人的参与动机，借此与他们建立良好的关系。在激发企业动机上，群团组织可在提升企业经营管理能力、助力先进企业文化建设、解决企业与职工的实际问题等方面积极作为，努力成为推动企业健康发展的重要力量，例如打造“职工之家”“青年之家”“妇女之家”等阵地，组织开展储备教育、技能提升等培训教学活动，鼓励员工争创“劳模”“青年文明号”“巾帼文明岗”等。一言概之，就是要在企业中创造团结向上的和谐氛围，把关爱、服务、教育和引导工作统一起来，切实为企业、员工解决经营管理、工作生活中遇到的实际问题。

其次，加强政策引导，推动自主入会。除前文提到的印制建会宣传折页、细化建会工作流程图和操作指南、借助互联网手段使宣传手册数字化和更具趣味性之外，群团组织还可采取上门服务、错时服务、驻企服务等举措，主动组织人员和力量到企业去召开现场沟通会，有意入会者可现场入会。对于那些未建会的企业，可邀请已建会企业的经营者同往，谈谈建会感受，打消未建会企业的各种疑虑。

（二）实践度原则下增强群团组织服务优化的获得感

首先，落地的措施要更实在。外卖行业的员工甚至是代理商都极少与群团组织接触，对群团组织缺乏了解和信任，如何让他们觉得群团组织的建立和服务措施落地后可以解决他们的实际困难，这是增强其获得感的关键。

其次，跟踪服务，建立反馈机制。群团组织可在各外卖站点建立起困难员工档案，定期收集员工合理诉求，开展帮扶慰问；在商圈等业务集中的地方设立“外卖小哥”休息站，为他们创造贴心的服务和舒适的氛围。

（三）感知度原则下增强群团组织服务优化的体验感

首先，设计“关键时刻”，增强仪式感。“关键时刻”指有代表性的节日或者有代表性的宣传活动。工青妇等群团组织每年都有固定的节日活动，如“五一”劳动节活动、“五四”青年节活动、“六一”儿童节活动、“三八”妇女节活动等，还有“反家暴”“反校园暴力”“禁毒”等主题的宣传活动，这些活动可以与外卖行业拥有“行走的广告牌”、可“到家送单”等特点结合起来，转化为定期、长效的品牌活动。美团和饿了么的总部负责人均表示，愿意与工青妇等群团组织合作开展类似的活动，或根据工青妇的职能再设计出一些有特色的活动。

其次，通过典型塑造、媒介曝光等手段增强体验和感知价值。美团设立的全国性奖项有“全国交通安全奖”“全国消防安全奖”“见义勇为奖”等，饿了么则会评出“全国里程奖”“单王奖”“品质先锋奖”等全国性奖项。工青妇等群团组织可以深度挖掘获奖能手们的事迹，树立优秀典型甚至打造成“网红”，引发关注和模仿。

第六章

『数字湾区』视域下拓宽青年参与基层社会治理路径探究

建设粤港澳大湾区是习近平总书记亲自谋划、亲自部署、亲自推进的国家区域发展重大战略，而“数字湾区”将成为带动我国经济增长、引领技术变革的“领头羊”。党的十九大报告指出，支持香港、澳门融入国家发展大局，以粤港澳大湾区建设、粤港澳合作、泛珠三角区域合作等为重点，全面推进内地同香港、澳门互利合作。珠海被喻为中国南部的一颗明珠，而澳门则是中国南部的“莲花地”。珠海与澳门一衣带水，历史同根、文化同源，两地空间关系紧密，合作历史源远流长。在珠海和澳门探索新的城市治理方式和服务模式优化是党在关键性领域治理改革的一个重要命题。

基层是社会治理的前沿战斗堡垒，青年是基层社会治理的重要力量。习近平总书记深刻指出，社会治理的重心必须落到城乡、社区，社区服务和管理能力强了，社会治理的基础也就实了。党的十九届四中全会也提出明确要求，要推动社会治理和服务重心向基层下移，把更多资源下沉到基层，更好地提供精准化、精细化服务。如何创新思路拓宽青年参与基层社会治理的路径，成为摆在国家和地方政府面前的新课题。在本章中，我们将就如何利用数据、智能技术助力社会治理现代化，突出湾区青年的先进性，提升青年基层参与社会治理的积极性，扩大群团组织的覆盖面进行探究。

第一节　协同治理，为“数字湾区”建设的人才保障提供助力

《粤港澳大湾区发展规划纲要》明确将粤港澳大湾区定位为充满活力的世界级城市群、具有全球影响力的国际科技创新中心、“一带一路”建设的重要支撑、内地与港澳深度合作示范区、宜居宜业宜游的优质生活圈。在“一国两制”的政治关系背景下，粤港澳三地通过粤港、粤澳合作联席会议和相关行政协议进行了有效的沟通协调，合作机制逐步完善和规范，经贸关系从单向流动逐步转向双向互动，合作领域也由局部合作向多方位合作转变，合作空间更是从三地交界的地区逐步向整个城市延伸。

互联网、大数据、云计算、人工智能等数字技术正在全面促进新型经济形态发展壮大，催生出分享经济、平台经济、零工经济等各类新的经济形态。全球新一轮科技革命和产业变革如火如荼，数字经济成为世界主流经济形态和国际产业竞争的焦点。粤港澳大湾区是我国乃至全球数字经济最为活跃的地区之一，“数字湾区”将成为带动全国经济增长的强劲引擎。

从“技术—经济—生产关系”的视角来探寻数字经济下湾区青年多元参与基层治理的方法，我们认为群团组织和相关政府部门应有针对性地探寻数字经济下的青年需求，协同治理，完善相

关政策，使得年轻人在大湾区的就业和生活得到保障，如此他们才能更加积极地参与基层社会治理。具体方法如下：

1．积极培育市场主体，鼓励多种经营方式参与。为激发各类市场主体活力，群团组织可逐步建立社团化、企业化社区服务模式，如妇联、工会等可以针对市场新主体提供家政、职业介绍、就业提升等服务项目。与此同时，政府应加快转变职能，对具有市场发展潜力的服务项目给予资金和政策支持，助推其实现产业化。

2．完善配套的政策法规，扶持群团组织开展基层服务。相关政府部门应出台具有针对性和可操作性的政策法规，实现对群团组织服务的规范化管理；出台相应的服务标准，加强群团组织的服务管理理念，保证群团组织的服务质量和服务秩序。

3．合理安排服务资金，提高资金使用效率。群团组织应积极调动社会资本力量，广泛吸收和引入社会资本，鼓励多种经济形式进入基层服务领域，形成多元化、社会化的基层服务产业。同时，群团组织要加强资金管理和财务核算，有效引导资金优先投入社会关注度高、受益人群广、市场前景好的服务领域。

4．深挖群团组织基层服务潜力，打造“智慧服务之家”。群团组织要整合“服务之家”的分散资源，对特色服务资源进行统一规划管理，实现资源协同利用，提高“服务之家”的服务效率；坚持以市场需求为引导，充分挖掘群团组织基层服务的发展潜力；对接各方资源，实现资源共享；创新“服务之家”的服务形式，加快构建“智慧服务之家”平台。

5．与社区协作，建立有效协同合作的运行机制。当前各地社区已培育和发展了一批连锁化、品牌化、规范化的社区服务企业，工青妇等群团组织可以积极探寻与社区协作，完善老年服务、医疗卫生等的服务体系，打造覆盖各类弱势群体和优抚对象的福利制度，进一步健全社会福利和社会救助服务。

6. 积极发展与民间组织和非营利组织的关系。要不断完善政府服务采购管理法规，提高群团组织基层服务采购比例，并扩大购买范围；创新政府服务购买方式，调动民间组织提供基层服务的积极性，推动基层服务业发展；加强对群团组织服务人员的教育培训，提升其服务意识和服务能力，提高其职业道德和专业水平。

当前，群团组织基层服务进入了新的发展阶段，群团组织的服务方式应向关注青年的长期持续需求转变，服务内容应进一步细分，致力向青年们提供更加个性化、专业化、人性化的服务。

第二节 创新治理渠道，积极培育治理新主体

拓宽青年参与基层社会治理的渠道，需要引入新的元素，打造新的链接方式，采取新的激励措施。新元素的引入是在原有的社会空间中增加诸多分散的“点”，将孤立的“点”连成“线”后就能够打造出新的链接方式，若干条“线”构成了新的社会关系“面”。重塑青年参与基层社会治理的社会关系的目的，是建立一种既充满活力又安定有序的青年参与机制。

一、引入新的元素

引入新的组织元素和技术元素，可大大拓宽青年参与基层社会治理的渠道。

首先，要优化组织格局，选拔优秀青年。坚持党建引领，通过引入社会组织以及各种群众性自治组织等新的组织元素来实现政府和社会合作共治，共同推进基层社会治理。例如，可通过共青团、青联、学联等组织选拔优秀青年参政议政，参与民主协商决策，推选更多优秀青年成为人大代表、政协委员。

其次，要创新工作机制，实现扁平化管理。党团组织与群团组织都要创建专业的 App 运营团队，实现扁平化管理，以实时掌

握青年动态；利用大数据分析手段，从不同维度掌握青年的基本情况和思想动态；创新“互联网+基层社会治理”模式，将新的技术元素引入基层社会治理中，打造“智慧社区”。

二、打造新的链接方式

随着时代的变迁，社会分工进一步细化，人的流动也不断加剧，必须寻找新的链接方式来维系现代社会人们之间日益脆弱的人际关系。

首先，要完善沟通机制，建立兴趣部落群。要利用微博、微信等新媒体平台建立兴趣部落群，促进群团组织与青年之间的交流，全方位把握青年思想；加强青年社群的打造，多渠道满足青年的多样性需求。

其次，拓宽阵地建设，提升宣传触达率。要通过建设工作网、联系网、服务网“三网合一”的“网上群团组织”，畅通群团组织服务青年的渠道，让青年在网上能找到群团组织，在网上能参加群团组织举办的活动，实现“线上线下”全天候服务。

最后，深化品牌项目，增强青年的认同感。要深化志愿服务，打造有湾区特色的品牌服务活动；进一步整合和优化志愿服务资源，采用“网上+网下”、快速便捷、运转高效的动员方式，充实和完善专业服务团队及日常管理团队；借助社会组织的力量，充分激发青年的主体意识。

三、采取新的激励措施

要进一步完善引导青年参与基层社会治理的政策环境，除了要培育多元主体力量、开发新生力量之外，还要探索激励机制。

首先，加强协同治理，出台激励措施。比如对于没有社会保障的灵活用工人员，可将其社会贡献与积分入户、子女入学等结合起来，将参与政府各类评优、评选与个人薪酬绩效结合起来，将企业内部的技能培养与职业资格证书结合起来。这就需要人社局、教育局、群团组织等共同协调，出台相应的激励措施。

其次，壮大社会工作者队伍。要建立专业人才队伍，通过政府购买、政策支持、舆论营造等来加强对社会组织的指导，此外还可以与高校和专业教育机构开展合作，把产、学、研深度结合，着重培养志愿者、义工和网格员队伍，提供服务标准，加快职业化、社会化的社会工作者队伍建设。

第三节 多方协商，为湾区青年参与基层社会治理提供议事平台

一、坚持党建引领，建立多层次协商议事平台，构建新型治理模式

群团组织要代表和实现特定群体的利益，必须坚持在协商议事中发挥党建引领的核心作用。

首先，要发挥政府、群团组织、街道和社区党组织的领导核心作用。群团组织要在上级党组织的领导下牵头建立多层次协商议事平台，发挥青年党员、团员的先锋模范作用，密切群团组织与青年的关系。

其次，群团组织要规范、系统地引导各方进行协商。如某区工会曾联合11个部门及灵活就业人员代表开展关于社会保障等问题的讨论，工会从议事规则制定、议事代表选出、议程设置，以及提案的形成、提交，会后的执行落实等多个方面进行了全面指导介入，成功搭建起了协商议事的桥梁。有序、持续地开展议事协商并落实，建立规范化协商议事平台，使需求与供给相匹配，才能使群团组织真正成为青年信赖的“自己人”，取得治理成效。

二、激发青年的参与热情，提升青年参与基层社会治理的自治能力

例如团委可广泛吸纳各行各业的青年，组成青年联合会。召开协商或议事会时，可由青年分组自主提出问题、自主撰写议案、自主审议决策、自主动员筹资执行。

三、培养青年骨干力量，提升青年参与基层社会治理的协商议事能力

“数字经济”环境下新问题层出不穷，尤其是平台型企业中存在的长期难以解决的用工形式确认问题、社会保障问题、子女上学问题等，这些都需要经过多次议事协商来寻求解决之道，而青年骨干正是参与议事协商的重要力量。在开展议事协商之前，群团组织应积极开展调研，与各利益主体进行多方协商，推动青年骨干、企业理性参与，增强责任意识，努力将大问题化解为可分不同阶段去解决的小问题，先解决近期可以解决的问题，有效回应基层社会治理中青年最关心的痛点问题。

四、有效解决基层社会治理中的矛盾冲突，增强青年的认同感

群团组织只有主动接近青年，才能真正提高青年对政府和群团组织的信赖程度。要让青年对群团组织产生认同感，就要让青年感受到群团组织的存在，享受到群团组织带来的帮助。如前文

所述，把参与政府各类评优、评选与个人薪酬绩效挂钩，提供技能培养、学历提升的帮助，解决入户、孩子入学等问题，深度驻点、陪伴指导等都是有效提升群团组织的存在感、助力感、亲近感的有效方式，都能大大增强青年的认同感。同时，要与平台需求挂钩，增强工青妇服务与企业的贴近感。

五、建立激励机制，有效调动青年参与议事协商的积极性

党的十九届四中全会明确提出，要推动社会治理和服务重心向基层下移，把更多资源下沉到基层，更好地提供精准化、精细化服务。为突出湾区青年的先进性，提高湾区青年的基层社会治理参与程度，群团组织要建立与新经济发展状况相匹配的激励机制，鼓励优秀青年竞选议事代表，为青年群体发声。每年可召开针对议事代表的表彰会，或在节日活动中向议事代表致敬，凸显议事代表的社会价值，让议事代表有更多的荣誉感和社会价值获得感。

参考文献

[1] 莱斯特. M. 萨拉蒙. 全球公民社会 [M]. 贾西津译. 北京：社会科学文献出版社，2007.

[2] 弗朗西斯·福山. 国家构建：21 世纪的国家治理与世界秩序 [M]. 郭华译. 上海：学林出版社，2007.

[3] 里贾纳. E. 赫兹琳杰. 非营利组织管理 [M]. 北京新华信公司译. 北京：中国人民大学出版社，2004.

[4] 习近平. 在全国组织工作会议上的讲话 [J]. 当代党员，2018 (14).

[5] 俞可平. 国家治理现代化的若干问题（上）[N]. 福建日报，2014-11-04.

[6] 俞可平. 治理和善治引论 [J]. 马克思主义与现实，1999 (5).

[7] 虞崇胜，唐皇凤. 第五个现代化——国家治理体系和治理能力现代化. 武汉：湖北人民出版社，2015.

[8] 刘旺洪. 社会管理创新：概念界定、总体思路和体系建构 [J]. 江海学刊，2011 (5).

[9] 吴凯铭. 扁平化：上海共青团改革实践探索 [J]. 青年学报，2017 (1).

［10］刘家义. 国家治理现代化进程中的国家审计：制度保障与实践逻辑［J］. 中国社会科学，2015（9）.

［11］邱中慧. 党的治理理念变革引领社会治理创新［N］. 贵州日报，2019－11－07.

［12］齐卫平，金江峰. 基层党组织的组织密度与功能密度——兼论基层党组织组织力评估体系［J］. 华东师范大学学报（哲学社会科学版），2019（6）.

［13］梅立润. 中国国家治理现代化研究的学术版图及热点分析［J］. 江汉学术，2019（6）.

［14］路云辉. 群团组织的角色定位与社会治理创新［J］. 特区实践与理论，2015（4）.

［15］李威利. 转型期国家治理视域下党的群团工作发展研究［J］. 中国青年社会科学，2016（1）.

［16］张海东. 新社会阶层的结构化、组织化及发展趋势［J］. 江海学刊，2019（5）.

［17］戴鑫. 基层共青团组织参与社会治安综合治理问题研究——以江西省新建区为例［D］. 南昌：南昌大学，2016.

［18］毕颖. 当代中国社会治理体制问题研究［D］. 济南：中共山东省委党校，2015.

［19］熊丽明. 群团组织参与社会治理的路径研究［D］. 南昌：南昌大学，2016.

［20］马小涵. 工会社会工作发展过程中存在的问题及对策探究［J］. 江南大学学报（人文社会科学版），2019（3）.

［21］郭明，吕锦平，叶嘉妮. 社会治理视域下工青妇在新业态六度服务模式初探——基于“外卖骑手”与工青妇服务供给的调查研究［J］. 科教文汇，2021（6）.